Elisabeth Gorter
Essener-Meditationen für jeden Tag

Elisabeth Gorter

Essener-Meditationen für jeden Tag

Herausgegeben von
Michael Schweitzer

Bücher haben feste Preise.
1. Auflage 2017

Elisabeth Gorter
Essener-Meditationen für jeden Tag
Herausgegeben von Michael Schweitzer

Titelseite:
Foto: Vitalii Bashkatov/shutterstock.com
Gestaltung: Dragon Design, Wales

Satz und Gestaltung:
Dragon Design, Wales
Gesetzt aus der Trump Medieval

Gesamtherstellung: Appel & Klinger, Schneckenlohe
Printed in Germany

ISBN 978-3-89060-725-2

Neue Erde GmbH
Cecilienstr. 29 · 66111 Saarbrücken
Deutschland · Planet Erde
www.neue-erde.de

Inhalt

Die Audio-Meditationen zum Buch finden Sie auf
unserem YouTube-Kanal unter
www.youtube.com/neueerdeverlag

oder auf Podomatic (zum Download) unter
http://neueerde.podomatic.com/

Mit einem hochgestellten G = ᴳ werden alle Begriffe im
Text, die im Glossar erläutert werden, besonders gekennzeichnet.

Die Vorgeschichte zu diesem Buch

Was mich bewegte, dieses Buch zu schreiben, und ein Dank an alle sichtbaren und unsichtbaren Helfer

Der Auslöser für die Arbeit, für das Studieren der Lehren der Essener, war ein ganz bestimmtes Erlebnis. Es war im Frühjahr 1996. Ich hatte mich kurz hingelegt, um ein wenig auszuruhen. Ich schlief nicht, war aber auch nicht richtig wach. Da hörte ich, wie mein Name gerufen wurde. Es hörte sich an, als käme dieses Rufen aus dem unendlichen All. Von allen Seiten hallte es in meinen Ohren: *E-li-sa-beht!* – Und noch einmal: *E-li-sa-beth!*

Dieses Phänomen kannte ich von früher. Ich fragte Dr. Stylianos Atteshlis, der unter dem Namen *Daskalos* als großer Wahrheitslehrer und Heiler aus Zypern (gestorben am 24.8.1995) bekannt ist, was dieses Rufen bedeuten könnte. Er sagte mir: *So ruft dich dein Schutzengel. Wenn er so ruft, will er dir etwas sagen.* (Ich weiß nicht mehr, ob Daskalos *Schutzengel* oder *Schutzerzengel* sagte.)

Als ich dieses Rufen hörte, erinnerte ich mich an Daskalos' Worte und fragte mich: *Was könnte es sein, was mir mein Schutzengel sagen möchte?* Ich setzte mich hin, spürte in mich hinein und fühlte einen starken Drang aufzustehen. Diesem Impuls folgend bewegten sich meine Beine zum Bücherregal. Dort griffen meine Hände ein Buch heraus, das schon Jahre dort stand. Es war das Buch *Das Evangelium der Essener* von Dr. E. Bordeaux Székely.

Dieses Buch hatte ich bereits gelesen. Doch, wie ich später bemerkte, hatte ich von der Tiefe der Worte nichts begriffen. Ich erinnerte mich lediglich daran, dass es in diesem Buch um Engel ging – das war alles. Die im Buch mit *Engel* bezeichneten himmlischen Kräfte setzte ich mit meiner damaligen Vorstellung von Engeln gleich. Heute ist mir meine damalige Blindheit unbegreiflich.

Ich nahm das Buch, setzte mich hin und las die Unterweisungen, die Jesus seinen Schülern gab. Augenblicklich wurde mein Körper von einer starken Vibration erfasst. *Mein Gott! – Was lese ich da! Eine Offenbarung nach der andern*, schoss es mir durch den Kopf. Ich konnte es nicht fassen, dass es möglich war, dass ich dieses Buch mit so wenig Verständnis gelesen hatte!

Immer wieder las ich dieses Buch – und ich werde es noch oft lesen. Ich praktizierte die vorgegebenen Übungen und verstand mehr und mehr, welch genialer Lehrer Jesus war und welch wertvolles Vermächtnis mit diesem Buch in meinen Händen lag.

Wunderbar methodisch aufgebaut, zeigt Jesus einen klaren Weg zur wahren Selbstverwirklichung. Einen Weg, den wir alle zu gehen haben, auf dem der Übende erfährt, wer er in Wirklichkeit ist, was ihm gegeben ist und was er mit dem, das ihm anvertraut wurde, tun kann. Er lehrt die bewusste und selbstbewusste Zusammenarbeit mit den Himmlischen Kräften, mit den *Engeln*. Jesus lehrt den *Weg der Jakobsleiter* [G].

Während eines Seminars mit Panayiota Theotoki-Atteshli, der Tochter von Daskalos, fielen ein paar Sätze über die Jakobsleiter. Den Bruchteil einer Sekunde hatte ich das Empfinden, alles über die Jakobsleiter zu wissen. Aber genauso rasch, wie dieses Erkennen auftauchte, verschwand es wieder. Damals machte ich mir keine Gedanken über dieses Aufflammen aus den unbewussten Tiefen des Wissens. Ja, ich vergaß es sogar wieder. Doch beim Lesen des Buches erinnerte ich mich an diesen Moment. Und ich wusste: Dieses Wissen lebt in mir. Eine große Freude erfasste mich – auch ein Feuer, Eifer, Geduld und Ausdauer. Ähnliches hatte ich in meinem bisherigen Leben nicht in mir wahrgenommen. Dieses Feuer, dieser Eifer ließen und lassen mich arbeiten und arbeiten, denn ich möchte das vergessene, verlorene Wissen wiederfinden...

Seit dem beschriebenen Erlebnis verbrachte ich ungezählte Stunden, viele Tage, Wochen, Monate und Jahre, um das *ver*schlüsselte Wissen, das in den Lehren der Essener zu finden ist, zu *ent*schlüsseln.

Mit aufgeschlossenen Menschen hielt ich Seminare. Die intensive Vorbereitung und die Seminare selbst ließen mich die Lehren der Essener und die Worte Jesu immer besser begreifen. Dankbar denke ich an die gemeinsame Arbeit in den Seminaren, an die Geduld der Teilnehmenden, mit der sie meinen Ausführungen und Gedanken folgten. Auch an ihre Bereitschaft, sich auf die Übungen und Meditationen einzulassen, die notwendig waren, um manches, das in den Büchern nur angedeutet ist, zu ergründen. Die gemeinsamen, sich deckenden Erfahrungen gaben mir die Sicherheit in meinen Vermutungen und

Annahmen, die ich beim Arbeiten mit den Lehren durch Intuition und Inspiration erhalten hatte.

Die Fragen und Einwände der Teilnehmenden, ihre Gedanken und auch ihr zeitweiliges Unverständnis für das, was ich zu erklären versuchte, waren und sind mir immer noch wertvolle Hilfen, das von mir Erarbeitete verständlich weiterzugeben. Auch erkannte ich in den Seminaren, dass manche Dinge aus den Büchern von Dr. E. Bordeaux Székely missverstanden wurden.

Sehr vieles, was in den Lehren der Essener geschrieben steht, deckt sich exakt mit dem Neuen Testament. Aussagen in der Bibel hatte ich falsch oder gar nicht verstanden. Die Lehren der Essener schenkten mir mehr Verständnis für die großen Wahrheiten, die Jesus uns Menschen lehrte. Sie schenkten mir eine neue Liebe zu Gott, ein neues Verständnis dafür, was uns Menschen anvertraut und gegeben ist, und wie und wo sich Gott offenbart.

Doch es sind wenige Menschen, die zu diesen Seminaren kommen, mit denen ich das Erkannte teilen kann. Deshalb bemühte ich mich, die gewonnenen Erkenntnisse und Erfahrungen in Buchform zu bringen. Denn jede neue Erkenntnis und jede neue Erfahrung war und ist für mich ein beglückender, oft überwältigender Augenblick.

In tiefer Dankbarkeit denke ich bei der Arbeit oft an Dr. E. B. Székely, der uns durch seine Bücher und seine einfühlsamen Übersetzungen einen direkten Zugang zum Schatz der Wissenschaft der Engel verschaffte. Auch an Dr. Stylianos Atteshlis, Daskalos, der die Lehren Jesu, die uralten Lehren der Essener, entsprechend dem heutigen Bewusstsein und Wissensstand der Menschen mit seinen Vorträgen und Unterweisungen fortsetzte und in seinen Büchern weiterleben lässt. Durch die Vorträge und Bücher von Daskalos konnte ich die Lehren der Essener und die Worte der Bibel besser verstehen und durch die Lehren der Essener die Lehren von Daskalos und wiederum die Bibel.

Mit diesem Buch – vielleicht werden es Bücher – möchte ich dazu beitragen, die Fülle und Schönheit der uralten Lehren der Essener zu erschließen, sie verständlicher werden zu lassen. In Dankbarkeit, Freude und Liebe möchte ich das Erkannte, das mir selbst so wertvoll ist, mit all den Menschen, die auf der Suche nach der *kostbarsten Perle* sind, das teilen, was ich mit meinem momentanen Verständnis finden durfte. Denn das, was ich fand, ist groß, ist mir das Kostbarste, das ich besitzen darf – und es ist nicht mit Worten auszudrücken.

In großer Dankbarkeit und Liebe widme ich Daskalos und Dr. E. Bordeaux Székely dieses Buch.

Was wird geschult?

Außer dem Wissen und den Auswirkungen dieses Wissens, das uns die Übungen der Essener vermitteln, schulen sie wichtige Fähigkeiten, unter anderem das richtige Beobachten, also die Wahrnehmung und das Gewahrsein.

Gute Beobachtung ist notwendig, um die gegebenen Übungen korrekt auszuführen, damit das Beobachtete durch Konzentration visualisiert und darüber meditiert werden kann. Diese Form des Beobachtens ist mehr als hinschauen und mit den physischen Augen sehen. Es muss bewusst gesehen werden, was ist. Dadurch werden Empfindungen in uns wach, und das Gesehene wird erlebt. Was wir auf diese Weise gesehen und erlebt haben, vergessen wir nicht mehr. Das gilt auch für Handlungen. Denn alles, was wir mechanisch tun, lässt uns nicht sicher sein, ob wir die Handlung wirklich ausgeführt haben oder nicht.

Ein simples Beispiel: Wie viele Frauen und Männer gingen noch einmal zurück in die Wohnung, weil sie nicht sicher waren, ob sie den Elektroherd ausgeschaltet oder das Fenster geschlossen hatten. Sie gingen zum Auto, weil sie nicht sicher wussten, ob sie die Scheinwerfer ausgemacht hatten oder sie bereits aus waren.

Wenn die Scheinwerfer an sind, ertönt heute im Auto ein Signalton. Ich bin mir sicher, dass die Bequemlichkeiten dieser Art nicht nur gut für uns sind. Durch die Technik verkümmern im Menschen wichtige Fähigkeiten. Im Falle des Autos *verarmt* die Achtsamkeit, das bewusste Da-Sein, das Gewahrsein. Die Hilfsmittel dieser Art nehmen uns die Verantwortung ab. Dadurch können wir mehr Dinge *vergessen*. Ich dachte lange über diese Tatsache nach und sah, was durch dieses Verkümmern unserer Achtsamkeit ausgelöst wird und was uns Menschen durch die Technik verlorengeht. Unsere Achtsamkeit wird von den alltäglichen Dingen abgezogen und auf anderes gelenkt, so dass wir viele kleine Geschehnisse um uns herum außer acht lassen, uns nicht mehr wahrnehmen.

Was ich meine, kann ich vielleicht mit einem Beispiel veranschaulichen: Ein Tuareg, der allein in der Wüste ist, kann es sich nicht leisten, unachtsam zu sein. Er muss jede Veränderung am Himmel, im Sand, in der Luftbewegung wahrnehmen, auch das Verhalten seiner Tiere und die Stille der Wüste, wissend, was die einzelne Veränderung zu bedeuten hat. Er erkennt, was ihn in Gefahr bringen kann, und er erkennt das, was gut für ihn ist. Er muss sich darauf einstellen und situationsgerecht handeln. Sein Leben kann von seiner Entscheidung und seinem Verhalten abhängen. In der Wüste ist keine Schuldverschiebung möglich. Nur der Tuareg selbst kann einen Fehler begehen. Dieses Wissen schärft seine Wahrnehmung.

Es ist möglich, überall und in allen Situationen die Achtsamkeit und das Gewahrsein eines Tuaregs zu haben. Das würde den Menschen in unserer zivilisierten Welt Freiheit, Unabhängigkeit und Eigenverantwortung bringen. Und außerdem würde es dem Staat und den Versicherungen viel, sehr viel Geld sparen.

Ich kenne einige Menschen, die im Alltag in der Weise wie ein Tuareg sehen, wahrnehmen und handeln. Sie stehen alle erfolgreich im Leben. In dieser Wachsamkeit und Achtsamkeit weiß der Mensch, was er tut, was er sagt, was er fühlt. Er weiß, was er will und was er nicht will. Die Klarheit seines Tuns ist uneingeschränkt.

Wahrnehmen, Gewahrsein, Bewusstsein sind ein ernstes, tiefes und geradezu unerschöpfliches Thema, dem Daskalos in seinen Vorträgen viel Raum gibt. Ich versuche ein wenig in diese Thematik einzusteigen, um ihre Wichtigkeit aufzuzeigen.

Schauen wir uns die Worte an: *Wahr*-nehmen und Ge*wahr*-sein. Wann nur können wir etwas wahr-nehmen, also die Wahrheit *nehmen* und gewahr sein? – Wenn wir mit unserer Achtsamkeit ganz im Augenblick, im Jetzt sind, wenn wir aufgehört haben, während des Sehens zu denken und zu interpretieren. Gedanken benötigen Zeit, um gedacht zu werden. Sie haben einen Anfang und ein Ende, also bewegen sie sich von der Vergangenheit in die Zukunft. Das Jetzt ist Gegenwart, ohne Vergangenheit und Zukunft, jetzt ist jetzt und nur jetzt. Wenn ich mich in der Vergangenheit oder der Zukunft bewege, kann ich nicht im Jetzt sein und auch nicht wirklich *wahr*nehmen.

Mag sein, wir haben im Zustand des Gewahrseins, des Wahrnehmens, den Eindruck, als ob wir denken, doch wie ich es sehe, ist dieses *Denken* kein Denken, sondern ein Erhalten von Informationen, von Wissen im gleichen Augenblick des Wahrnehmens, des Gewahrseins. Das ist ein phantastischer Vorgang, der mir lange Zeit nicht bewusst war. Heute ist für mich genau dieses Gewahrsein, das gleichzeitig eine Bewusstwerdung ist, das rechte Beobachten, von dem Daskalos spricht.

Gewahr sein, Wahrnehmen, so, wie es oben beschrieben ist, bringt jeden Menschen in einen Zustand, in dem er offen und entspannt ist. Ist er nicht offen und entspannt, so kann er die Dinge nicht wirklich wahrnehmen und sich gleichzeitig bewusst sein, was er wahrnimmt. In diesem Zustand ist er ganz bei sich, hellwach und gleichzeitig verbunden mit allem, was um ihn ist, ohne an etwas gebunden, ohne mit etwas verhaftet zu sein. Das, was ist, be-rührt ihn. (Die Vorsilbe *be* weist immer auf etwas von außen hin.) In dieser Wahrheit kann er jedoch nicht von persönlichen Gefühlen überrollt werden.

Nehmen wir ein Beispiel: Ein Mensch sieht im Zustand des Gewahrseins eine schmerzvolle Gegebenheit. Obwohl er den Schmerz des anderen erfühlt, wird dieser Schmerz nicht zu seinem persönlichen Schmerz. Er trägt den Schmerz des anderen in sich, und doch hat er Abstand. Mitgefühl und die Kraft der unpersönlichen Liebe erfassen ihn. Wenn keine Möglichkeit des Helfens besteht, kann dies tiefe Betrübnis in ihm auslösen, aus der Liebe, dem Mitgefühl heraus geboren. Mitgefühl darf nicht mit Mitleid verwechselt werden. Aus Mitgefühl und Liebe heraus wird er handeln oder untätig bleiben, sprechen oder schweigen, denn wahres Mitgefühl weiß, was der andere braucht.

Durch das Befassen mit diesem Zustand des rechten Beobachtens, des Gewahr-Seins, verstehe ich die Worte in der Bibel, die von *Wachsamkeit* und *wach sein* sprechen, völlig neu.

Durch die Technisierung, durch die vielen auf den Menschen einstürzenden Eindrücke, wird die Fähigkeit des rechten Beobachtens, des Wahrnehmens und damit die Umsichtigkeit, das Mitgefühl, das bewusste im Hier-und-Jetzt-Sein in der Regel eingeschränkt, beim einen mehr, beim anderen weniger.

Viele Menschen unserer Zeit neigen dazu, Wissen aus verschiedenen Quellen geradezu zu konsumieren. Die Medien, Bücher, das Internet und vieles mehr vermitteln uns sehr viel Wissen. Meist ist es *fertiges, vorgedachtes* Wissen, das vorwiegend mit dem Kopf erfasst wird und oft den Weg zum Herzen nicht findet, während das über das Gewahrsein erworbene Wissen immer mit *Herz* und *Kopf* erfahren wird. Bringen wir uns noch einmal ins Bewusstsein: Im Zustand des Gewahrseins, des Wahrnehmens oder rechten Beobachtens nimmt das *Herz* wahr und der *Kopf* gibt im gleichen Augenblick des Gewahrseins das Wissen über das Wahrgenommene, ohne dass das eine oder andere überwiegt. *Kopf* und *Herz*, Gewahrsein und Bewusstsein sind in Balance. Überwiegt das eine oder das andere, entsteht Disharmonie. Gelingt es uns, diese Form des Gewahrseins im Alltag aufrechtzuerhalten, so leben wir ein Leben in Meditation, voll eingebunden im ewigen Jetzt, achtsam, gewahrend, wissend.

Meinem Empfinden nach hatten die meisten Menschen zur Zeit Christi das Gegenteil von dem zu lernen, was viele, viele Menschen heute, wenigstens hier im Westen, zu lernen haben. Damals wurde besser mit dem Herzen erkannt und erfasst als mit dem Kopf. Ich denke dabei an Petrus, der wahrscheinlich weder lesen noch schreiben konnte, jedoch klar aussprach, dass Jesus der Sohn Gottes sei. Sicher war diese Art des Begreifens der Menschen, die um Jesus waren, mit ein Grund, weshalb Jesus so viel in Gleichnissen und in einer so bildhaften Sprache lehrte. Diese Sprache wird von allen Menschen verstanden, wenn sie gewillt sind zu verstehen und zwar entsprechend ihrer Auffassungsgabe. Das ist für mich die große Fähigkeit der Essener-Lehrer, die ich uneingeschränkt bewundere. Die direkten Worte Jesu verstanden nur wenige Menschen und auch heute werden sie oft gar nicht oder missverstanden.

Der Stand des Bewusstseins hat sich im Laufe der Zeit gewandelt. Mir scheint, während in der Zeit Christi das *Herz* vorherrschte, ist es jetzt der *Kopf*. Das ist für mich einer der Gründe, die Kommunionen der Essener durchzuführen, um *Herz* und *Kopf* wieder in Balance zu bringen. Es spielt keine Rolle, was vorherrscht, *Kopf* oder *Herz*, die Übungen bringen beide Abweichungen wieder in Balance, damit der heutige Mensch wieder lernt, mit dem Herzen zu sehen, wie Saint-Exupéry sagt und mit dem Herzen zu denken, wie Daskalos es nennt. Im alten Ägypten gab es die Trennung von Herz und Kopf nicht.

Herz und *Kopf* sind kursiv geschrieben. Ist es wirklich Kopf und Herz? Ja und nein. In unserer Sprache wird das Herz mit Gefühlen in Verbindung gebracht und der Kopf mit Gedanken und Wissen. Wo aber sind diese feinen, oft schwer wahrnehmbaren Empfindungen zuhause, diese Empfindungen, die wir beim Eingestimmtsein und im Selbstgewahrsein erfahren? Diese ersten wahrnehmbaren Reaktionen auf etwas, das uns berührt, auf Dinge, die um uns herum geschehen, mit denen wir konfrontiert werden, noch bevor ein Wort gedacht ist. Die Empfindungen, die noch keine Emotionen und keine Gefühle sind?

Sie können im Zustand des Gewahrseins durch die Achtsamkeit des Geistes bewusst wahrgenommen werden. Es gibt nichts in uns Menschen, das nicht zu beobachten und wahrzunehmen ist. Hat ein Mensch in sich dieses Gewahrsein, diese Beobachtung, so weit entwickelt, dass es im Alltag bewahrt werden kann, kann er nicht nur seine persönlichen Gedanken, Gefühle und Handlungen wahrnehmen, sondern auch diese feinen Empfindungen und später noch viel mehr. Beobachten, wahrnehmen, gewahr sein ist eine Türe zu Bereichen, die den meisten Menschen noch unerschlossen sind. Es sind Hallen voller Schönheit und Fülle.

Für mich ist diese beschriebene Form des Gewahrseins ein nicht fassbares, bereicherndes und beglückendes Phänomen, eine Fähigkeit, die durch die Übungen der Essener geschult wird, vorausgesetzt, die Übungen werden so ausgeführt, wie sie vorgegeben sind. Sie können eine noch stärkere Auswirkung haben, wenn die Übenden wissen, was die Übungen bewirken.

Im Moment glaube ich, diese *Instanz* in uns, die in dieser Weise wahrzunehmen vermag, ist das, was im Buddhismus *die Achtsamkeit des Geistes im Geiste* genannt wird und dass es der *Ausdruck des Geist-Seelen-Selbst-Gewahrseins* ist, von dem Daskalos spricht. Es ist ein Ausdruck unseres Seelen-Selbst, des Göttlichen in uns, und es hat mit dem Ausdruck unserer Persönlichkeit nichts zu tun. Ewiges kann von den weltlichen Umständen weder berührt noch beeinflusst werden. Allerdings ist es möglich, dass die sich ständig verändernde Persönlichkeit so vorherrscht, dass sie dem Göttlichen in uns die Möglichkeit nimmt, sich auszudrücken. Leider ist das sehr, sehr häufig der Fall.

Morgengebet

von Elisabeth Gorter in der Tradition der Essener[1]

Engel der Sonne,
Engel des Wassers,
Engel der Luft,
Engel des Erdreichs,
Engel des Lebens, des Lichts,
Engel der Freude,

Ihr himmlischen Kräfte!
Ihr alle weilt in mir, im Königtum der Himmel [G], das in
  mir ist.
In mir und durch mich selbst
möcht' ich in Ehrfurcht Euch mich nähern,
um mich mit Euch zu öffnen, zu erheben,
damit der Heilige Strom, aus dem Ihr kommt,
durch Euch mit mir verbunden wird.
Damit der Gott in meinem Sein,
der wissend nach Befreiung strebt,
das Göttliche in mir zum Ausdruck bringen kann:
Die Liebe Gottes, die alle Himmel, alle Welten schuf –
auch mich – SEIN Kind.
Amen.

Abendgebet

von Elisabeth Gorter in der Tradition der Essener

Engel der Kraft,
Engel der Liebe,
Engel der Weisheit,
Engel des ewigen Lebens,
Engel der schöpferischen Arbeit,
Engel des Friedens,

Ihr himmlischen Kräfte!
Ihr alle weilt in mir, im Königtum der Himmel, das in
   mir ist.
In mir und durch mich selbst
möcht' ich in Ehrfurcht Euch mich nähern,
um mich mit Euch zu öffnen, zu erheben,
damit der Heilige Strom, aus dem Ihr kommt,
durch Euch mit mir verbunden wird.
Damit der Gott in meinem Sein,
der wissend nach Befreiung strebt,
das Göttliche in mir zum Ausdruck bringen kann:
die Liebe Gottes, die alle Himmel, alle Welten schuf –
auch mich – SEIN Kind.
Amen.

Die Losungen der Essener

nach Dr. E. Bordeaux Székely[2]

Einleitung

Ich betrete den ewigen und unendlichen Garten mit Ehrfurcht vor dem Himmlischen Vater, der Mutter Erde und den großen Meistern, voll Ehrfurcht vor der heiligen, reinen und rettenden Lehre, voll Ehrfurcht zur Bruderschaft der Auserwählten.

Nach sieben Jahren:

Ich betrete den ewigen und unendlichen Garten des Wunders, mein Geist in Einheit mit dem Himmelsvater, mein Körper in Einheit mit der Erdenmutter, mein Herz in Harmonie mit meinen Brüdern, den Söhnen der Menschen, schenke ich meinen Geist, meinen Körper und mein Herz der heiligen, reinen und erlösenden Lehre, jener Lehre, die von alters her Enoch bekannt war.

Samstagmorgen – Mutter Erde, Erdenmutter

Die Mutter Erde und ich sind eins. Sie gibt die Nahrung des Lebens meinem ganzen Körper.
Nach sieben Jahren:
Die Erdenmutter und ich sind eins.

Samstagmittag – Friede mit dem Reich des Himmlischen Vaters

Unser Vater, der Du im Himmels weilst, schicke allen Söhnen und Töchtern der Menschen den Engel des Friedens; und schicke in Dein Reich, unser Himmlischer Vater [G], Deinen Engel des Ewigen Lebens, auf dass wir uns bis jenseits der Sterne emporschwingen und ewig leben!

Samstagabend – Engel des Ewigen Lebens

Engel des Ewigen Lebens, sinke in mich herab und gib meinem Geist das Ewige Leben.
Nach sieben Jahren:
Engel des Ewigen Lebens, steig herab in mich und gib meinem Geist das Ewige Leben.

Sonntagmorgen – Engel des Erdbodens

Engel des Erdbodens, sende Deine Kraft in meine Geschlechtsorgane und belebe meinen ganzen Körper neu.
Nach sieben Jahren:
Engel der Erde, mach meinen Samen fruchtbar, und mit Deiner Kraft gib meinem Körper Leben.

Sonntagmittag – Friede mit dem Reich der Erdenmutter

Unser Vater, der Du im Himmel weilst, schicke allen Söhnen und Töchtern der Menschen den Engel des Friedens und dem Reich der Mutter Erde den Engel der Freude, auf

dass unsere Herzen voll Gesang und Freude sein werden,
während wir uns in die Arme unserer Mutter schmiegen.

Sonntagabend – Schöpferische Arbeit

Engel der schöpferischen Arbeit, befruchte die Mensch-
heit und gib allen Menschen in Fülle.
Nach sieben Jahren:
Engel der schöpferischen Arbeit, steige herab auf die
Erde und gib all den Menschensöhnen im Überfluss.

Montagmorgen – Engel des Lebens

Engel des Lebens, ströme in meine Glieder und gib Kraft
meinem ganzen Körper.
Nach sieben Jahren:
Engel des Lichts, tritt kraftvoll in die Glieder meines
Körpers.

Montagmittag – Friede mit der Kultur

Vater unser, der Du im Himmel weilst,
schicke allen Söhnen und Töchtern der Menschen Dei-
nen Engel des Friedens
und unserem Wissen den Engel der Weisheit.

Montagabend – Engel des Friedens

Friede, Friede, Friede – Engel des Friedens, sei immer
überall.
Nach sieben Jahren:
Friede, Friede, Friede, Engel des Friedens, sei immer hier.

Dienstagmorgen – Engel der Freude

Engel der Freude, komme herab auf die Erde und bringe Schönheit allen Geschöpfen.

Nach sieben Jahren:

Engel der Freude, steige herab auf die Erde, verströme Schönheit und Freude auf alle Kinder der Erdenmutter und des Himmelsvaters.

Dienstagmittag – Friede mit der Menschheit

Unser Vater, der Du im Himmel weilst,
schicke allen Söhnen und Töchtern der Menschen Deinen Engel des Friedens;
und schicke der ganzen Menschheit den Engel der schöpferischen Arbeit.
Denn im Besitz einer heiligen Aufgabe bedürfen wir keiner anderen Segnung mehr.

Dienstagabend – Engel der Kraft

Engel der Kraft, gehe ein in meinen Körper und leite alle meine Taten!

Nach sieben Jahren:

Engel der Kraft, steige zu mir herab und erfülle alle meine Taten mit Kraft!

Mittwochmorgen – Engel der Sonne

Engel der Sonne, ströme in mein Sonnenzentrum und gib das Feuer des Lebens meinem ganzen Körper.

Nach sieben Jahren:

Engel der Sonne, tritt in meinen Körper ein und lass
mich im Feuer des Lebens baden.

Mittwochmittag – Friede mit der Familie

Unser Vater, der Du im Himmel weilst,
sende den Engel des Friedens zu allen Söhnen und Töch-
tern der Menschen;
und sende denen aus unserem Samen und unserem Blute
den Engel der Liebe, auf dass Friede und Harmonie für
immer in unserem Hause verweilen.

Mittwochabend – Engel der Liebe

Engel der Liebe, ströme in meinen Gefühlskörper und
reinige alle meine Gefühle!
Nach sieben Jahren:
Engel der Liebe, steige zu mir herab und erfülle alle
meine Gefühle mit Liebe!

Donnerstagmorgen – Engel des Wassers

Engel des Wassers, gehe ein in mein Blut und gib das
Wasser des Lebens meinem ganzen Körper.
Nach sieben Jahren:
Engel des Wassers, tritt in mein Blut und gib meinem
Körper das Wasser des Lebens.

Donnerstagmittag – Friede mit dem Geist

Unser Vater, der Du im Himmel weilst, schicke Deinen
Engel des Friedens zu allen Söhnen und Töchtern der

Menschen und schicke unseren Gedanken den Engel der Kraft, auf dass wir die Fesseln des Todes zerbrechen.

Donnerstagabend – Engel der Weisheit

Engel der Weisheit, gehe ein in meinen Gedankenkörper und erleuchte meine Gedanken.
Nach sieben Jahren:
Engel der Weisheit, steige zu mir herab und erfülle all meine Gedanken mit Weisheit.

Freitagmorgen – Engel der Luft

Engel der Luft, gehe ein in meine Lungen und gib die Luft des Lebens meinem ganzen Körper.
Nach sieben Jahren:
Engel der Luft, tritt mit meinem Atem ein und gib meinem Körper die Luft des Lebens.

Freitagmittag – Friede mit dem Körper

Unser Vater, der Du im Himmels weilst, schicke allen Söhnen und Töchtern der Menschen den Engel des Friedens; auch schicke unserem Körper den Engel des Lichts, auf dass er darin ewig verweile.

Freitagabend – Himmelsvater

Der Himmlische Vater und ich sind eins.

Hilfen für die Praxis der Meditation

– Zwischenbemerkungen des Herausgebers –

Was wird durch das regelmäßige Meditieren geschult? Das Wesentliche dazu ist im Vorwort von Elisabeth Gorter bereits beschrieben, ebenso auch in ihrem Kommentar zur »Innenschau« von Daskalos. Um einen allerersten Einstieg in die Praxis zu erleichtern, empfehlen wir die Essener-Meditationen *Friede und Ehrfurcht*. Audio-Anleitungen für alle 21 Meditationen finden Sie kostenlos online (siehe Hinweis auf Seite 6).

Diese Meditation ist eine allgemeine Einführung, mit der sozusagen das Grundhandwerk ausprobiert und schnell erfasst werden kann. In ihr wird das Wahrnehmen geschult, parallel dazu der Zugang zu einem tieferen inneren Erkennen. Friede und Ehrfurcht sind für die Essener zwei wichtige Schlüssel. Man kann sagen, Friede und Ehrfurcht sind Grundhaltungen in allen Essener-Meditationen. Einen möglichen ersten Zugang zu ihnen möchte diese einführende Meditation vermitteln. Frieden habe ich nur, wenn ich ihn – im Moment – wahrnehmen kann. Dann bin ich im Frieden. Während ich mit meinem Wahrnehmen noch ganz bei Frieden bleibe, kann ich gleichzeitig die im Moment gemachte Erfahrung in mein Bewusstsein heben: Das, was ich im Moment wahrnehme, ist wirklich Frieden. Es gibt eine Instanz in meinem Inneren, die erkennt und unterscheidet.

Elisabeth Gorter hat einen kostbaren Schatz gehoben. Aber in seiner Fülle ist er für den Anfänger nicht unbedingt geeignet, zu einer täglichen Praxis der Meditation zu finden. Leicht kann er dazu verführen, nur mit dem Kopf gelesen statt mit dem Herzen erfasst zu werden. Wie in vielem gilt ganz besonders auch für die Meditation: Weniger ist mehr.

Um den Einstieg in eine tägliche Praxis zu erleichtern, haben wir deshalb zu jeder Meditation eine Kurzversion ins Internet gestellt. Einer geführten Meditation zuhörend zu folgen, ist für viele auch leichter, als in einem gedruckten Text immer wieder den nächsten Schritt selber lesen zu müssen. Diese geführten Meditationen wollen nur eine Anregung sein, schneller einen eigenen Zugang zu den Essener-Weisheiten zu finden.

Für jede Losung gibt es eine zweite Formulierung mit dem Untertitel: *Nach sieben Jahren.* Was bedeutet das? Durch eine regelmäßige Praxis der Meditation werden wir allmählich fortschreiten in unseren Fähigkeiten, die himmlischen Kräfte wahrzunehmen und mit ihnen zu kommunizieren. *Wisset, o Söhne des Lichts, dass unsere Gedanken so stark sind wie ein Blitzstrahl, der durch den Sturm hervorbricht und einen mächtigen Baum zersplittert. Darum musstet ihr sieben Jahre warten, um zu lernen, wie man mit den Engeln spricht, da ihr nichts wisst über die Macht eurer Gedanken.* (Székely, IV, S. 18) Je mehr wir lernen, unsere Gedanken sozusagen vom Herzen her zu beobachten, desto mehr werden wir uns dem Königtum der Himmel in uns nähern. Das ist ein Prozess, der Zeit braucht.

Von Elisabeth Gorter stammt die Erkenntnis: Ich weiß etwas erst wirklich, wenn ich es selber zum Ausdruck bringe. Nicht durch das Lesen von Büchern weiß ich, wie Fahrradfahren geht, sondern indem ich es tue. Erst wenn ich Frieden (und all die anderen himmlischen Kräfte) selber durch meine Person hier und da zum Ausdruck bringe, habe ich wirklich ein inneres Wissen von ihnen. Und dann werde ich auch wirklich *eins* mit ihnen.

Wir erlangen allmählich sogar die Fähigkeit, die himmlischen Kräfte zu lenken und zu leiten. Das wird möglich, wenn wir bereit sind, an uns zu arbeiten und innerlich zu wachsen, über Jahre hin. Alle himmlischen Kräfte warten nur darauf, uns auf unserem Weg zu dem Göttlichen in uns zu begleiten. Das Königtum der Himmel ist in uns. Dort angekommen, können wir schließlich *eins* werden mit Gott. Deshalb heißt es nach sieben Jahren: *mein Geist in Einheit mit dem Himmelsvater, mein Körper in Einheit mit der Erdenmutter.* Deshalb sind auch manche der jeweiligen Tageslosungen nach sieben Jahren anders formuliert.

Elisabeth Gorter hatte eine ganz besondere Art, mit Worten und Sätzen umzugehen. Für einen Vortrag hat sie einzelne Wendungen oft dreimal, fünfmal gleichsam in den Mund genommen und nochmal verändert. Sie hat die Vibrationen, die durch Worte zum Ausdruck kommen, aufs feinste von ihrem Herzen her erspürt – und wiederum auch von ihrem tiefsten Inneren her gestaltet. Den Essener Texten von Skézely ist sie immer mit großem Respekt begegnet, hat sie »beim Wort genommen«. Und gleichzeitig hat sie in großer Kühnheit das von ihr Erfasste, Erkannte auf ihre ganz besondere Weise weitergegeben. Für mich unvergesslich war zum Beispiel die von ihr angeleitete Meditation, das Geschenk des Lebens im bescheidenen Gras zu erfahren (vgl. Székely IV, S.21ff *Das Geschenk des Lebens in dem bescheidenen Gras*). Elisabeth Gorter hat ständig aus den Texten von Skékely geschöpft und sie oft zitiert. Um diesen Respekt zum Ausdruck zu bringen, sind im Folgenden alle Zitate aus den Essener-Büchlein von Dr. E. Bordeaux Székely kursiv gesetzt.

Essener-Meditationen

Samstagmorgen –
Mutter Erde, Erdenmutter

Die Mutter Erde und ich sind eins.
Nach sieben Jahren:
Die Erdenmutter und ich sind eins.

Die Mutter Erde und ich sind eins. – Sie gibt uns, was unser physischer Körper braucht, um zu werden, um uns als Existenz zu erhalten, unseren physischen Körper zu erneuern. (Doch nicht nur für unseren physischen Körper gibt sie uns das Notwendige! – Wir kennen den Spruch: »Ohne Phosphor kein Gedanke.«) Obwohl es Mutter Erde ist, von der wir alles empfangen, was unseren physischen Körper erhält, ist es nicht notwendig, Erde oder Gras zu essen. – Mutter Erde gibt sich selbst, um Wurzeln, Körner, Pflanzen und Früchte von verschiedenster Art mit unterschiedlichem Geschmack hervorzubringen. – Diese Vielzahl der Geschmacksrichtungen vermittelt uns Freude und Genuss am Essen. – Erkenne auch die Gefahr, die in dieser Tatsache liegt! – Alles, was Mutter Erde hervorbringt, entspricht den Wachstumsbedingungen des Landes, in dem sich ein Nahrungsmittel entwickelt, um den Bedarf der dort lebenden Menschen zu decken.

Dort, wo der Mensch noch nicht durch eigene, meist profitgierige Macht eingegriffen und die Harmonie zerstört hat, ist die Tafel der Mutter Erde auf natürliche Weise reich gedeckt.

Sie gibt uns von sich selbst, so wie unser Himmelsvater und unsere Erdenmutter von ihrer eigenen Substanz geben, um uns eine Existenz in Zeit und Ort zu ermöglichen. – Sie sind Quellen, Ströme immerwährender Liebe. – Und irgendwann können auch wir Quellen der Liebe sein – das liegt verborgen im göttlichen Plan! – Selbst die Pflanzen in ihrer Funktion als Überbringer dessen, was sie von Mutter Erde für den Erhalt unseres physischen Körpers bekommen, zeigen uns diese Liebe. Sie geben ihr ganzes Leben hin: für uns! – Auch die Tiere!

Was lehren uns die Pflanzen, Früchte, Tiere? – Selbstlose Hingabe – Liebe. Wozu geben sie sich hin? – Damit wir uns freuen und weiterentwickeln können!

Auch wir sollten diese Selbstlosigkeit, die uns Mutter Erde, das Pflanzen- und Tierreich zeigen, verwirklichen, damit wir auch in diesem Punkt sagen können: »Die Mutter Erde und ich sind eins.«

Nicht blind sollen wir selbstlos lieben! – Sondern wissend, *wem* und *wofür* wir unsere Kraft, unsere Zeit geben!

DANKEN wir unserer Mutter Erde, dem Pflanzen- und Tierreich – jeder auf seine Art.

Denken wir kurz darüber nach – jeder für sich – was wir im Alltag tun können, was *du* tun kannst, um ihr die gebührende Achtung entgegenzubringen. Fassen wir den ernsthaften Vorsatz, das, was wir jetzt denken, auch zu tun, im Verstehen der Botschaft der Liebe, die Mutter Erde und das Pflanzen- und Tierreich uns überbringen.

Wir betreten den Garten – wissend.

Die Mutter Erde und ich sind eins.

Die Erdenmutter und ich sind eins!

Mutter Erde gibt über das Pflanzenreich die lebendige Nahrung für unseren Körper. Alle Substanzen, die wir im Körper der Mutter Erde finden, sind auch in unserem Körper. »Es gibt keine grobstoffliche Materie, die nicht auch im menschlichen Körper vorhanden ist«, sagt Daskalos. Es gibt keine psychische, keine (geistige) noetische Substanz in den psychischen und noetischen Welten, die nicht auch in uns ist. – Der Körper der Mutter Erde und unser Körper sind eins! – Von ihr erhalten wir die notwendigen Stoffe, die unser Körper braucht, um gesund zu bleiben.

Fragen wir uns: Und was ist es, das die wunderbare Wandlung vollzieht und aus *Mind*-Geist ᴳ und Lebensenergie die Form des Menschen nach der Idee Gottes Materie werden lässt? Geist in Materie kleidet und die Materie erhält?

Was immer als Form in Erscheinung tritt – die Form ist dein Werk, heiligste Erdenmutter, Gott-Heiliger-Geist! – Durch deine heilige Ausstrahlung, durch den von Leben vom Heiligen Logos ᴳ durchwirkten heiligen *Mind*-Geist, der sich der Idee entsprechend bis zur dichtesten Materie gesetzmäßig verdichtet. Durch deine heiligen Boten ist unsere Existenz möglich – und eine Auferstehung des

Göttlichen in der Materie: Du schaffst die Möglichkeit. Ohne dich gäbe es den Planeten Erde nicht – auch nicht unseren physischen Körper. – Es gäbe keinen psychischen und keinen noetischen Körper [G] – kein Denken, kein Fühlen. – Durch dich haben die Boten des Himmelsvaters die Möglichkeit, in der Welt der Materie in Erscheinung zu treten!

Erkennen wir die Herrlichkeit der göttlichen Allweisheit und Allmacht, der göttlichen Ordnung, der göttlichen Gesetze! – Wir sind eins mit unserer Erdenmutter, der Mutter unseres Planeten!

Wir sind eins mit unserer Mutter Erde, deren Früchte unseren Körper ernähren. – Die Härte unserer Knochen entstammt der Substanz unserer Mutter Erde, die uns über die Nahrung ihre eigenen Nährstoffe schenkt. – Und gleichzeitig entstammt diese Härte der Substanz unserer Erdenmutter. Wir wissen es: Der Körper unserer Mutter Erde ist der Erdenmutter entströmender, verdichteter *Mind*-Geist – so wie auch unser Körper verdichteter *Mind*-Geist ist, durchwirkt vom Leben selbst.

In allem, was lebt, hier auf der materiellen Welt, treffen sich Erdenmutter und Himmelsvater. – Von der Erdenmutter werden wir genährt und durch ihre Engel zum Himmelsvater geführt. – Doch als Kind sehen wir nur die Strahlen der Sonne, aber nicht die Hand, die sie schuf.

Noch sind wir unwissende, oft blinde Kinder, die Hilfe brauchen, um zu verstehen. – Doch wenn wir verstehen, dann werden wir auch wissen: Das Licht unserer Augen, das Gehör unserer Ohren entstammt den Farben und Klängen unserer Erdenmutter, dem Gesang, den die heiligen Erzengel durch ihr Zusammenwirken hervorbringen.

Heilige Erdenmutter, du erfüllst die Schöpfung immer neu. – Durch dich tritt die Schöpfung in Erscheinung! In deinem Reich ist immer alles neu (als »Bekleidung« des Geistes) und immer alles alt (als die Idee, die in die Welt der Materie gebracht wird).

Wenig wissen wir über dich, obwohl du fortwährend in lebendigen Worten sprichst – von deiner und des Vaters Herrlichkeit kündend. – Dein wahres Wesen, dein wahres Sein ist noch ein großes Geheimnis für uns. – Wir können dich in Ehrfurcht achten und lieben, weil wir deine Werke sehen, weil du bist.

Wenn wir das tun, werden wir langsam, ganz langsam das Geheimnis um dich ein wenig enthüllen.

Ganz tief gleiten wir hinein in den Garten des Ewigen.

Höre, wisse: *Die Erdenmutter und ich sind Eins. Ihr Atem ist mein Atem; ihr Blut ist mein Blut; ihre Gebeine, ihr Fleisch, ihr Inneres, ihre Augen, ihre Ohren sind meine Gebeine, mein Fleisch, mein Inneres, meine Augen, meine Ohren. Niemals werde ich sie verlassen, ohne sie sein und immer wird sie mich nähren und meinen Körper erhalten.*[3]

Wir strecken ihr die Arme entgegen und bitten: Himmlische Kraft der Erdenmutter, fließe durch meinen Körper, gib ihm Kraft und Gesundheit, damit ich … (Finde deine eigenen Worte, wofür du dir einen kraftvollen und gesunden Körper wünschst.)

Bleibe Beobachtendes!
Langsam spüre deinen Körper.
Danke mit deinen Worten oder mit deinem Empfinden.

Bitte/Wunsch

Ihr Boten des Himmelsvaters, begleitet mich durch den Tag, und die Kraft der Erdenmutter, und meine Achtung und Liebe zu ihr mögen mich nicht verlassen. – Lass uns in Ehrfurcht unser tägliches Brot von den Händen der Mutter Erde und unserer Erdenmutter in Empfang nehmen – nicht zu wenig, nicht zu viel – zum Erhalt unseres Körpers, zur Entwicklung unserer Persönlichkeit – zu Ehren Gottes und zur Offenbarung seiner Herrlichkeit.

Samstagmittag – Friede mit dem Reich des Himmlischen Vaters

Ich betrete den ewigen und unendlichen Garten in Ehrfurcht vor dem Himmelsvater, in Ehrfurcht vor der Erdenmutter, in Ehrfurcht vor der heiligen, reinen und rettenden Lehre und dem Einen Gesetz.

Unser Vater, der Du im Himmels weilst, schicke allen Söhnen und Töchtern der Menschen den Engel des Friedens; und schicke in Dein Reich, unser Himmlischer Vater, Deinen Engel des Ewigen Lebens, auf dass wir uns bis jenseits der Sterne emporschwingen und ewig leben!

- Treten wir ein in den Strom des Lebens, der uns zum Reich unseres Himmlischen Vaters führt, dem Gesetz aller Gesetze, zu Gott. Besteigen wir das Boot, das uns auf dem Strom des Lebens führen wird. Wenn wir im Frieden sind mit unserem Körper, mit unseren Gedanken, mit unseren Gefühlen, wenn wir im Frieden sind mit allen Menschen, mit allen Engeln der Erdenmutter und des Himmelsvaters, dann sind wir in dem Boot, das uns auf dem Strom des Lebens hinführt zu unserem Schöpfer, zu Gott.
- Wir suchen den Frieden mit dem Gesetz aller Gesetze, mit Gott. Wir öffnen uns ganz diesem Frieden, ihn wahrnehmend durch unseren Körper, ihn erkennend durch unseren Geist.

Jesus der Christus hat uns gelehrt: *Gesegnet ist das Kind des Lichts, das seinen Himmelsvater sucht, denn es wird das ewige Leben haben.*[4]

Verbinden wir uns in Frieden und Harmonie mit dem kosmischen Meer und allen kosmischen Kräften des Universums. Öffnen wir uns wie die Mystiker und Propheten aller Zeiten der inneren, intuitiven Erkenntnis, die uns geschenkt wird.

Jesus, der Christus hat uns gelehrt:

Bevor die Berge entstanden oder die Erde und die Welt geschaffen wurden, ja, von Ewigkeit zu Ewigkeit hat es Liebe gegeben zwischen dem Himmelsvater und seinen Kindern. Und wie sollte diese Liebe je enden.[5]

Er ist nicht offenbar, Er ist nicht verborgen. Er ist nicht enthüllt, noch ist Er verhüllt. Meine Kinder, es gibt keine Worte zu sagen, was Er ist! Wir wissen nur dies, wir sind Seine Kinder, Er ist unser Vater. Er ist unser Gott.[6]

Erkenne diesen Frieden mit deinem Geist, ersehne diesen Frieden mit deinem Herzen, erfülle diesen Frieden mit deinem Körper.

Samstagabend –
Engel des Ewigen Lebens

Engel des Ewigen Lebens, sinke in mich herab und gib meinem Geist das Ewige Leben.
Nach sieben Jahren:
Engel des Ewigen Lebens, steige herab in mich und gib meinem Geist das Ewige Leben.

Fragen wir uns: Was verstehen wir unter »Ewigkeit«? Können wir verstehen, dass unser Geist ewig ist, wenn wir »Geist« als Geist-Seelen-Ego-Selbst sehen?

Weshalb mag es so wichtig sein, dies zu verstehen?

Um uns unserer kosmischen Aufgabe bewusst zu werden. Damit wir uns bemühen und lernen, mit den ewiglichen Gedankenströmen wissend in Verbindung zu treten und diese bewusst zu bereichern. Nämlich die Gedanken- und Gefühlsströme, die von irdischen Gedanken- und Gefühlsströmen weder beeinflusst noch berührt werden können.

Um die Anziehung der irdischen Gedankenströme zu überwinden.

Um die Freiheit des Geistes und seiner Unendlichkeit zu verstehen.

Um die Einheit des Lebens zu verstehen.

Damit wir auch erkennen: Es gibt keinen Tod. Es gibt nur Wandlung und Befreiung. Der vermeintliche Tod, der ein Phänomen, eine Illusion in den Welten der Existenz ist und nur Wandlung und Befreiung sichtbar werden lässt. Der sogenannte »Tod« lehrt uns, was ewiges Leben ist. Er lehrt uns die Empfindung des Getrenntseins zu überwinden.

Um den Ring bei unserer Rückkehr ins Königtum der Himmel zu erhalten. – Die Auszeichnung, die dem Menschensohn bei seiner Rückkehr zuteilwird, wenn er die Zeit und die Ewigkeit verstanden hat.[7]

Vielleicht ist es uns erlaubt, im ewigen und unendlichen Garten erkenntnisbringende Erfahrungen zu machen!

Ich betrete den ewigen und unendlichen Garten des Wunders mit Ehrfurcht,
mein Geist in Einheit mit dem Himmelsvater, mein Körper in Einheit mit der Erdenmutter, mein Herz in Harmonie mit allen Kindern des Lichts.

Heiliger Engel des Ewigen Lebens, steige herab zu uns, trete behutsam ein in uns, damit uns unser ewiges Sein, das ewige Leben unseres Geistes (unseres Geist-Seelen-Ego-Selbst[G]) verständlich wird. Damit wir uns an deinen Flügeln festhalten können, um mit deiner Hilfe einzutauchen in den himmlischen Ozean der Ewigkeit.

Gleite noch tiefer hinein in diesen Garten der Ewigkeit, in dem es keine Zeit gibt, nur das immerwährende Jetzt, – kein Denken, keine Gefühle, auch keine an Ort und Zeit gebundenen Taten. – Hier gibt es nur »Sein«, »Da-Sein«, Gewahrsein – bewusstes Gewahrsein – selbstbewusstes Gewahrsein.

Das Empfinden des Getrenntseins ist aufgehoben.

Im unendlichen Garten verweilend, bringen wir uns bereits bekannte Wahrheiten in unser Bewusstsein – und ein paar Fragen, damit diese in uns arbeiten können:

In unserem Körper pulsiert ewiges Leben. Spüre, wie es deinen Körper durchwirkt. Es sind die Boten des Himmelsvaters und der Erdenmutter, die sich uns nähern und uns dies erspüren lassen.

Wir leben. Wir sind Existenz und Geist. Sterblich und unsterblich. Veränderlich und unveränderlich.

Alles Sichtbare hat Geist als Ursache. – Alles Sichtbare ist Geist, gekleidet in *Mind*-Geist, in Materie, Leben ausdrückend.

Was ist Leben? – Was erhält unsere Existenz?

Um zu erkennen, öffnen wir ganz behutsam unsere Augen des Begreifens: Alles kommt aus dem EINEN. Das EINE enthält und erhält alles – also ist das EINE in allem – und alles in EINEM – und was aus dem EINEN kommt, ist ewiglich.

Ist eine Trennung von dem EINEN möglich?

Was würde geschehen, wenn wir getrennt wären von dem EINEN?

Alles Leben würde erlöschen.

Das EINE/GOTT – ist in allem wirkend – auch in uns!

Du weißt es – jetzt erkenne und begreife es!

*Ich betrete den ewigen und unendlichen Garten des
  Wunders mit Ehrfurcht,
mein Geist in Einheit mit dem Himmelsvater, mein
  Körper in Einheit mit der Erdenmutter, mein Herz in
  Harmonie mit allen Kindern des Lichts.
Engel des Ewigen Lebens, steige herab in mich und gib
  meinem Geist das Ewige Leben.*

Sieh und erkenne: Der Menschensohn war und ist in
Ewigkeit in ungeoffenbarter Form in Gott – und der
Strom des Lebens ist ewiglich. Nie gab es eine Zeit, in
der er nicht strömte. Nie wird eine Zeit kommen, in der
er nicht strömen wird. Solange wir in unserem Körper
leben, baden wir in diesem Strom des ewigen Lebens –
denn ewiges Leben pulsiert in unseren Körpern!

Unsere Daseinsformen mögen sich verändern – aber:
Leben ist Gott – Gott ist Geist – unveränderlich, allge-
genwärtig – ewiglich.

Es ist uns Menschen gegeben – und nur uns Menschen –,
den unendlichen Garten bewusst zu betreten und von den
Früchten des ewigen Lebensbaumes [G] zu essen, während
wir auf Erden wandeln.

Wo ist der ewige Garten? Wo steht der Baum des Lebens?
Sie sind in uns, im Königtum der Himmel, das in uns ist!

Auch das vermag nur der Menschensohn: die Dualität
innerhalb der Materie zu überwinden. Nur ihm ist es
auch gegeben, bewusst an der Erbauung des Friedens-
reiches mitzuwirken, die Gesetze zu durchschauen,
bewusst und wissend nach ihnen zu leben, sich wissend

und gewahrend mit höheren Schwingungsebenen zu verbinden und die Schwerkraft irdischer Gedankenströme zu überwinden. – Nur der Menschensohn – also DU, jeder Mensch – vermag es, wahre Liebe in Bewusstheit auszudrücken!

So bitten wir dich, Engel des Ewigen Lebens, erlaube uns mit deiner Hilfe bewusst und selbstgewahr mit dem Ewigen in Verbindung zu treten, um mit den Augen des Geistes, des Wissens, das, was ewiges Leben, ewig Lebendes ist, zu erkennen.

Die Augen des Wissens brauchen kein materielles Sonnenlicht, um zu sehen; sie sehen mit dem Licht des Geistes.

So breiten wir die grenzenlosen Flügel unseres Geistes aus – denn was ewig ist, ist grenzenlos, ist unbegrenzt. – Wir breiten sie aus bis hinauf zu den Sternen, zu Sonne und Mond. – Und gleichzeitig erheben sich unsere Gedankenschwingungen zu den ewig wirkenden reinen Gedankenströmen, deren Wasser die Liebe, die Freude, die Weisheit und der Frieden sind. Bleibe Beobachtendes! – Fürchte dich nicht! – Auch wenn in dir eine Empfindung aufsteigt, als würdest du allen Halt verlieren! – Du lässt langsam alles Bindende hinter dir. – Erschrecke nicht vor der Grenzenlosigkeit des Geistes! – Beobachte, wie alles Bindende von dir abfällt und wie du hineingleitest ins himmlische Meer. – Wir verschmelzen wie ein Wassertropfen mit dem Ozean:

Geist im Geiste
Licht im Licht
Gott in Gott.

Ganz langsam komme zurück, spüre deinen Atem und die Form deines Körpers.

Vielleicht dürfen wir erfahren, was Jesus der Christus gesagt hat: *Nun schließt eure Augen, Söhne des Lichts, und im Schlaf vergegenwärtigt euch die Einheit des Lebens überall. Denn wahrlich, ich sage euch, während der Stunde des Tageslichts sind unsere Füße am Boden, und wir haben keine Flügel, mit denen wir fliegen. Aber unser Geist ist nicht an die Erde gebunden, und mit dem Herannahen der Nacht überwinden wir unsere Bindungen an die Erde und treffen uns mit dem, was ewiglich ist. Denn der Menschensohn ist nicht nur das, was er erscheint, und nur mit den Augen des Geistes können wir jene goldenen Fäden erkennen, die uns mit dem Leben überall verbinden.*[8]

Sonntagmorgen – Engel des Erdbodens

*Himmlische, im Nährboden der Erde wirkende Kraft,
belebe den in mir ruhenden Samen, damit er Früchte
hervorbringen kann. Ströme in meine Geschlechtsorgane
und belebe meinen Körper neu.*

Betrachte den Nährboden der Erde. – Du weißt, er ist
nicht tot. Er ist durchwirkt von belebender und erneu-
ernder, erzeugender Kraft, die erschafft, die vom dunklen
Erdreich ins Licht führt. – Es ist die Kraft, die mit dazu
beiträgt, das Pflanzenreich hervorzubringen.

Es ist die Kraft, die das Wachstum bewirkt, im Nährboden verborgen schlummernd. – Ohne diese Kraft, den
Engel des Erdbodens, wäre unser Tisch leer. Es gäbe keine
Blumen, keine Früchte, kein Gras! – Durch dich können
sich alle Zyklen des Pflanzenreichs wiederholen und
erneuern – von Samen zu Samen, ja selbst der Zyklus des
Wachstums eines menschlichen Körpers!

Sieh jetzt ein Feld vor dir: Es ist gepflügt, geeggt – vorbereitet für die Saat. Sieh, wie ein Bauer Körn aussät. –
Die Saat sprießt – genährt durch die geheiligte Kraft im
Nährboden der Erde. – Sieh, wie das Korn wächst – sieh
grüne Wogen – goldene Wogen – den Samen für die näch-
ste Saat in ihrer Krone tragend.

Was immer wir säen, vorausgesetzt, der Same birgt noch
den lebendigen Keim mit der Information seiner Bestim-
mung in sich –, das wird diese Kraft mit Hilfe der anderen
Himmelsboten der Erdenmutter zum Wachsen bringen. –

Du hörst diese Kraft nicht – du siehst sie nicht – doch du kannst ihre Macht in der Herrlichkeit des Pflanzenreiches, im Tierreich und im Geheimnis der Menschwerdung erkennen. – Die Macht der heiligen Kraft, die das Wachstum bewirkt! – Sie steigt empor durch die Wurzeln, die sich durch die Kraft des Engels der schöpferischen Arbeit in den Erdboden senken und das Werden der Baumkrone, der Blüten, der Früchte bewirkt. – Der Früchte, die in sich den Samen des neuen Baumes, der neuen Blüte, der neuen Frucht tragen. – Kannst du erkennen, welche Herrlichkeit mit jeder Frucht, die wir essen, in unseren Körper eingeht?

Hören wir, was Jesus der Christus über den Engel des Erdbodens sagt: *Der Engel der Erde ist es, der das Gras erschafft, so wie das ungeborene Kind im Bauch von der Nahrung seiner Mutter lebt, so gibt die Erde dem Weizenkorn von sich selbst und bewirkt, dass es nach oben sprießt, um den Engel der Luft zu umarmen...*[9]

Sieh auch, wie diese Kraft durch das Einwirken des Menschen gestört wird! – Erkenne die Konsequenzen!

Diese Kraft, diese Macht – sie ist auch in dir wirksam! Sie hat den Tempel unserer Seele bewirkt. – Birgt sie das Geheimnis der Zellteilung? – Des Wachstums? Alle sieben Jahre wird unser Körper erneuert. – Ist sie es, die unsere Haare, unsere Fingernägel wachsen lässt?

Lass uns in Ehrfurcht ihr Geheimnis betrachten!

Durch diese Kraft, den Engel des Erdbodens, wächst der menschliche Körper heran – wird die winzige Eichel, zusammen mit der Kraft des Wassers, des Lichts und der

Luft, zum mächtigen Baum – in totscheinenden Samen erweckt sie das Leben.

Machen wir uns noch einmal die Heiligkeit dieser Kraft bewusst: Sie beschränkt sich nicht nur auf das Wachstum des Körpers. Sie wirkt auch auf anderen Ebenen auf gleiche, wunderbare Weise. – Jesus der Christus hat es ganz eindeutig ausgesprochen:

Und der Same eures Körpers braucht nicht in den Körper der Frau einzudringen. Denn die Macht des Engels der Erde ist von unübertrefflicher Größe, und der Engel der Erde kann das Leben des Geistes im Innern als auch das Leben des Körpers im Außen schaffen.[10]

Ist es im Inneren genauso wie im Äußeren? Muss der Boden vorbereitet sein, damit diese heilige Kraft in Zusammenarbeit mit den anderen Himmelsboten der Erdenmutter und des Himmelsvaters wirksam werden, uns zu innerem Wachstum verhelfen kann? – Wir sind zwar nicht der Sämann, denn die Saat des Guten, des Göttlichen, ist bereits in uns. Doch wir haben darauf zu achten, ob wir diese heilige Saat mit unseren Gedanken und Taten bewässern oder ob wir Unkraut aussäen und pflegen und dadurch diese heilige Kraft missbrauchen! – Halten wir inne, um das Unbegreifliche mit den Augen des Geistes anzuschauen.

Ich betrete den ewigen und unendlichen Garten des Wunders, voller Ehrfurcht vor dem Himmelsvater, voller Ehrfurcht vor der Erdenmutter...

Himmlische, Früchte hervorbringende Kraft, deren Geheimnis das Geheimnis des Lebens birgt. – Du belebst, erneuerst und erhältst auch meinen Körper! Ströme ein in meine Geschlechtsorgane und belebe meinen Körper neu. Nicht um triebhafte Sexualität zu leben, sondern um die Sexualkraft zu sublimieren, um sie zum Feuer von erneuerndem, geistigem Leben werden zu lassen.

Du Himmelsbote der Erdenmutter, mach den in mir schlummernden Samen fruchtbar, damit alles, was an Gutem und Göttlichem in mir ruht, sich offenbaren kann.

Gib meinem Körper, meinem Geist Leben!

Öffne dich ganz dieser heiligen Kraft. – Nimm ihr Wirken in deinem Körper, so gut du es vermagst, wahr.

Danke mit deinen eigenen Worten oder deinen Empfindungen ohne Worte.

Spüre deinen Körper, spüre deinen Atem.

Bitte für den Tag:

Engel des Ewigen Lebens, wir wissen, du bist mit uns und in uns am Tag und in der Nacht. Lass uns deiner Gegenwart und deiner Schönheit immer bewusster werden. Wir bitten um Hilfe und wünschen uns, dass unsere Gedanken und Worte, unsere Empfindungen immer häufiger ihren Ursprung im Königtum der Himmel haben, um Ausdruck der alles durchwirkenden göttlichen Liebe zu werden!

Mögen uns der Engel des Ewigen Lebens und der Engel der Erde durch den heutigen Tag für uns erfahrbar begleiten.

Sonntagmittag –
Friede mit dem Reich der Erdenmutter

Ich betrete den ewigen und unendlichen Garten in Ehrfurcht vor dem Himmelsvater, in Ehrfurcht vor der Erdenmutter, in Ehrfurcht vor der heiligen, reinen und rettenden Lehre und dem Einen Gesetz.

Unser Vater, der Du im Himmel weilst, schicke allen Söhnen und Töchtern der Menschen den Engel des Friedens und dem Reich der Mutter Erde den Engel der Freude, auf dass unsere Herzen voll Gesang und Freude sein werden, während wir uns in die Arme unserer Mutter schmiegen.

Jesus der Christus lehrt uns: *Ich sage euch wahrlich, ihr seid eins mit der Erdenmutter. Aus ihr seid ihr geboren, in ihr lebt ihr und in sie werdet ihr zurückkehren...*

Wer den Frieden bei seiner Erdenmutter gefunden hat, wird niemals den Tod erfahren.[11]

Heben wir in unser Bewusstsein, was wir wissen: Alles, was wir unserer Mutter antun, tun wir uns selbst an. Denn wir werden aus unserer Erdenmutter geboren, und wir sind eins mit ihr.[12]

Weiter lehrte uns Jesus der Christus: *Wahrlich, ich sage euch, das Buch der Natur ist eine heilige Schriftrolle, und wenn ihr wollt, dass sich die Menschensöhne*

selbst erretten und das immerwährende Leben finden,
dann lehrt sie wieder, die lebendigen Buchstaben der
Erdenmutter zu lesen. Denn in allem Lebendigen ist das
Gesetz niedergeschrieben. Es ist im Gras geschrieben, in
den Bäumen, in den Flüssen, Bergen, in den Vögeln des
Himmels und den Fischen des Meeres und am deutlich-
sten im Menschensohn. Nur wenn er zum Schoß seiner
Erdenmutter zurückkehrt, wird er das immerwährende
Leben und den Strom des Lebens, der zu seinem Himmels-
vater führt, finden; nur so kann die dunkle Vision der
Zukunft gebannt werden.[13]

- Habe ich heute schon in der heiligen Schriftrolle der Natur, in ihren lebendigen Buchstaben gelesen?
- Was habe ich wahrgenommen?
- Was habe ich erkannt?
- Was löst dieses in mir als Reaktionen aus?

Erkenne diesen Frieden mit deinem Geist, ersehne diesen
Frieden mit deinem Herzen, erfülle diesen Frieden mit
deinem Körper.

Sonntagabend – Schöpferische Arbeit

Engel der schöpferischen Arbeit, befruchte die Menschheit und gib allen Menschen in Fülle.

Engel der schöpferischen Arbeit, steige herab auf die Erde und gib all den Menschensöhnen im Überfluss.

Jeder von uns kann aufbrechen, um an seine Arbeit zu gehen. Jeder von uns hat sein eigenes Feld, auf dem er schöpferisch, willensstark und freudig arbeiten kann. – Jeder von uns kann ganzherzig, mit dem linken und dem rechten Arm, also mit Vernunft, mit Willenskraft und weisheitsvoller Liebe – mit der Kraft des Heiligen Logos und des Heiligen Geistes – den uns anvertrauten Boden in uns und um uns herum bearbeiten – damit die Saat des Ewigen, des Reinen, des Erlösenden aufgehen kann – in uns selbst oder auch mit unserer Hilfe in anderen Menschen.

Wir können wissende Boten dieser himmlischen Kraft werden, der Kraft, die wir die Kraft der schöpferischen Arbeit nennen. – Wir können sie einfließen lassen in unsere täglichen Aufgaben oder sie bewusst einsetzen, um selbstbewusste Mitarbeiter am Friedensreich hier auf unserem Planeten zu werden. – Daskalos sagte: »Wir Menschen haben den Himmel auf die Erde zu holen.«

Schauen wir uns an, was die Menschheit durch die Kraft des schöpferischen Tuns, der schöpferischen Arbeit in den vergangenen Jahrtausenden hervorgebracht hat. Denken wir jetzt einmal nur an die Art der Behausung und das heutige Arbeits- und Forschungsgebiet! – Das Tier jedoch hat seit Jahrtausenden die gleiche Höhle...

Sieh beide Seiten: Sehen wir, was der Menschheit auf materieller und geistiger Ebene zum Wohle war und ist – und sehen wir auch, was ihr zum Schaden gereichte...

Sieh auch, was aus Liebe zur Menschheit hervorgebracht wurde, was aus Angst heraus geboren wurde.

Wünschen wir uns und der gesamten Menschheit den rechten Gebrauch dieser himmlischen Kraft – wünschen wir es von ganzem Herzen – jeder mit seinen eigenen Worten.

Durch diese Kraft entstanden alle Werke der Menschen – auch unsere! – Sehen wir den wunderbaren Ausdruck dieser Kraft in den großen Meisterwerken der Literatur, der bildenden Kunst, der Musik, der Wissenschaften. – Das Wirken, das Vorhandensein dieser Kraft können wir in allem, was der Mensch über die Natur hinaus entwickelt hat, erkennen – vom Anbeginn der Zeit bis heute.

Wir dürfen uns an dem, was mit Hilfe der schöpferischen Kraft von Menschen geschaffen wurde, erfreuen! – Wir können von den Wissenschaften lernen und auf ihren Resultaten aufbauen.

Es ist uns gegeben, selbst Schöpfer zu sein – jeden Augenblick – wann immer wir es wollen.

Lass uns bewusst Schöpfer sein, in Achtung vor der heiligen Kraft, die wir bei der Ausübung unserer schöpferischen Tätigkeit benützen...

Tun wir das nicht, so ist der Unterschied zwischen uns Menschen und den Tieren, die unbewusst ihrer inneren Anweisung, ihrem Instinkt gehorchen, gering.

Als bewusste, als selbstbewusste Schöpfer, können wir unser Wissen, unsere Fähigkeiten und unsere Liebe ausdrücken – das gibt uns Freude und Zufriedenheit – vorausgesetzt, das Geschaffene wurde durch uns, durch unseren eigenen Willen, aus uns heraus geboren – frei von Angst, frei von jeglichem Zwang.

Schauen wir uns diese Kraft der schöpferischen Arbeit an: In ihr lebt die Kraft der Intuition, der Entscheidungsfähigkeit, des Visualisierens – und die Kraft des Willens.

Ohne die Kraft des Willens kann keine Bewegung stattfinden.

Ohne Bewegung kann sich kein Leben ausdrücken. – Der Wille ist der Auslöser der Bewegung. – Der erste Impuls im Absoluten Unendlichen Sein ist die Vibration der Schaffensfreude. – »Willpleasure« nannte Daskalos diesen Impuls.

Erkennen wir die Großartigkeit dieser Kraft des Himmelsvaters und hören wir mit verstehenden Ohren, was Jesus sagte: *Arbeitet, o Söhne des Lichts, im Garten der Bruderschaft, um das Königreich des Himmels auf Erden zu erschaffen. Und wenn ihr arbeitet, so wird der Engel der schöpferischen Arbeit den Samen in eurem Geist nähren und reifen lassen, auf das ihr Gott schaut.*[14] Welch eine Verheißung!

So treten wir ein in den ewigen und unendlichen Garten – in Ehrfurcht vor dem Himmelsvater, in Ehrfurcht vor der Erdenmutter, in Ehrfurcht vor der heiligen, reinen, erlösenden Lehre – in Ehrfurcht vor Gott – dem einen Gesetz.

Wir gleiten noch tiefer hinein in diesen ewigen und unendlichen Garten, in dessen Mitte der Lebensbaum steht. – Jetzt, in diesem Moment ist unser Geist in Einheit mit dem Himmelsvater, unser Körper, der für unsere Handlungen steht, in Einheit mit der Erdenmutter – unser Herz in Harmonie mit unseren Brüdern und Schwestern, den Söhnen und Töchtern der Menschen.

Wir strecken unsere Arme dem Engel der schöpferischen Arbeit entgegen, um zu erfahren, welche Vibration von Energie ihm entströmt. – Vielleicht dürfen wir sie wahrnehmen! – Wir lassen diesen Himmelsboten in uns eintreten – lassen uns ganz erfüllen von dieser himmlischen Kraft, die sich in freudigem Schaffen und Erschaffen ausdrückt. – Nimm sie wahr – nichts von ihrem Inhalt entgeht deiner Achtsamkeit!

Engel der schöpferischen Arbeit, steige herab auf die Erde und gib all den Menschensöhnen im Überfluss!

Wir bitten darum, dass wir diese heilige Schöpferkraft in der rechten Weise nutzen! – Wissend, was wir mit unseren Schöpfungen auslösen! – Wir wissen, wie sie missbraucht werden kann und dass wir die Macht haben, sie für gute und schlechte Zwecke einzusetzen.

Frage dich, wofür du diese Kraft einsetzen wirst. – Sieh die Konsequenzen!

Engel der schöpferischen Arbeit, steige herab auf die Erde und gib all den Menschensöhnen im Überfluss!

Danken wir für diese Kraft – jeder auf seine Weise. – In Worten oder mit Empfindungen.

Montagmorgen – Engel des Lebens

Engel des Lebens, ströme in meine Glieder und gib Kraft meinem ganzen Körper.
Nach sieben Jahren:
Engel des Lichts, tritt kraftvoll in die Glieder meines Körpers.

Du gibst dem Menschen Gesundheit, Kraft und Stärke – Leben. Nicht nur mir, sondern dem ganzen Planeten. Dadurch ist es uns möglich, das Gesetz zu leben: das Gesetz, das nicht in den Schriften steht, sondern das Gesetz, das lebendiges Wort ist. Lebendiges Wort des lebendigen Gottes.

Erkenne: Das Gesetz offenbart sich durch alle Formen des Lebens! – Erkenne es: im Gras, in den Flüssen, den Bergen, dem Meer, in jedem Tier, in allem Existierenden. – Kannst du erkennen, dass es nichts gibt, das das Gesetz Gottes nicht in sich trägt? Es gibt nichts ohne diese lebendige Botschaft, die wir darin lesen können.

Diese lebendigen Botschaften sind auch in uns eingeschrieben – in unseren Atem, in jede Zelle unseres Körpers, in unser Herz, in unseren Geist. Ob in der Tiefe der Erde oder in den lichten Sonnenstrahlen: Die Gesetze sprechen zu uns, damit wir im lebendigen Buch der höchsten Weisheit lesen und lernen können, damit wir erkennen, was die Sprache und der Wille des lebendigen Gottes ist.

In uns pulsiert und wirkt das Feuer des Lebens, die Kraft des unbegreiflichen Lebens. Sie gibt unseren Körpern Kraft und Stärke, damit unser Körper ein würdiger Tempel des Lebens sein kann, um Leben in der rechten Weise auszudrücken.

Wenn das Wachs nicht rein ist, kann die Kerze keine stetige Flamme hergeben! [15] So steht es geschrieben.

Ist der Körper krank, trübt dies die Schönheit des ewigen Lichtes, das er beherbergt.

Ich betrete den ewigen und unendlichen Garten des Wunders mit Ehrfurcht vor dem Himmelsvater und der Erdenmutter.

Engel des Lebens, ströme in meine Glieder und gib Kraft meinem ganzen Körper.

Wir gehen in Gedanken hinaus auf die Felder zu einem besonders schönen und mächtigen Baum. Wir umarmen ihn, unseren Bruder, in ihm fließt der gleiche Strom des Lebens wie in unserem Körper. – Wir spüren die Kraft des Engels des Lebens in unsere Arme strömen, in unsere Beine, in unseren ganzen Körper, ihm Stärke, Kraft, Gesundheit schenkend. Die gleiche Kraft, die den Baum durchströmt, durchströmt auch unseren Tempel, unseren Körper – kannst du es fühlen?

Langsam gleite noch tiefer hinein in den Garten des Ewiglichen.

Ich betrete den ewigen und unendlichen Garten des Wunders, mein Geist in Einheit mit dem Himmelsvater, mein Körper in Einheit mit der Erdenmutter.

Engel des Lichts, tritt kraftvoll in die Glieder meines Körpers.

Nähern wir uns dem Baum des Lebens, der in der Mitte des ewigen Gartens steht – in ehrfürchtigem Ahnen und dem Wissen um die heiligen Geschenke, die er uns darbietet. Nur uns Menschen ist es gegeben, von diesen herrlichen Früchten bewusst zu kosten, sie in uns zu verwirklichen, um sie irgendwann selbst verschenken zu können, um unsere heilige Aufgabe zu erfüllen, nämlich am Plan Gottes bewusst mitzuwirken. Wir wissen, die himmlischen Boten, die unter der Obhut und Herrschaft des Heiligsten Geistes, unserer Erdenmutter stehen, gehorchen in ihrer Reinheit auch unserem Egoismus. – Bitten wir darum, diese himmlischen Boten immer nur zum Guten zu gebrauchen.

Wir dürfen den Baum des Lebens umarmen und bewusst seine Lebenskraft in uns einströmen lassen. – Wenn du es möchtest – tu es! – Umarme oder berühre ihn!

Engel des Lichts, tritt kraftvoll in die Glieder meines Körpers.

Während wir den Baum des Lebens umarmen oder berühren, bleiben wir Gewahrendes, Erfahrendes! – Kannst du die Kraft fühlen? – Lenke sie bewusst in jede Zelle deines Körpers. Es ist uns erlaubt und auch gegeben, dies zu tun!

Engel des Lichts, tritt kraftvoll in die Glieder meines Körpers.

Wir öffnen uns dir ganz, heilige Flamme des Lebens! Belebe unseren heiligen Tempel, leuchte als ewiges Licht in ihm, im Heiligtum des Heiligsten Geistes. – Denn das Feuer des Lebens ist der Tempel unseres Herrn! – Unser Körper ist der Tempel für das Feuer des Lebens – für den Heiligen Logos! [16]

Wir danken Dir, Himmlischer Vater, für diese Kraft – für das heilige Feuer des Lebens, das unseren Körper belebt, ihm Gesundheit, die Leichtigkeit unserer Bewegungen, das Hören unserer Ohren, das Sehen unserer Augen, die Kraft unserer Arme schenkt! – Wir danken Dir für alles, was Du uns gibst! – Es aufzuzählen nähme kein Ende.

Danken wir ein jeder auf seine Art und Weise.

Spüren wir unseren Körper, spüren wir unseren Atem.

Himmlische Kraft der schöpferischen Arbeit, begleite mich durch diesen Tag.

Montagmittag – Friede mit der Kultur

*Ich betrete den ewigen und unendlichen Garten in
Ehrfurcht vor dem Himmelsvater, in Ehrfurcht vor der
Erdenmutter, in Ehrfurcht vor der heiligen, reinen und
rettenden Lehre und dem Einen Gesetz.*

*Vater unser, der Du im Himmel weilst, schicke allen
Söhnen und Töchtern der Menschen Deinen Engel des
Friedens und unserem Wissen den Engel der Weisheit.*

- Öffnen wir uns den Wahrheiten der alten Meister. In
  den heiligen Schriften aller Religionen können wir die
  universelle Wahrheit entdecken. Wir verbinden uns
  mit dem kosmischen Gedankenmeer.
- Wähle für eine Zeit lang persönlich eine Stelle, einen
  Text aus einer heiligen Schrift aus und spüre dem nach,
  was dich darin »zwischen den Zeilen« berührt mit den
  drei Fragen: 1) Welche Empfindungen löst dieser Text in
  mir aus? 2) Was ist das Besondere in diesem Text, was
  kommt mir »rüber« als sein Inhalt? 3) Was löst dieser
  Text an Reaktionen in mir aus?
- Öffnen wir uns den Wahrheiten der alten Meister, wie sie in
  der Literatur und Kunst ihren Ausdruck gefunden haben.
- Wähle für eine Zeit lang persönlich etwas aus dem
  Bereich der Literatur oder Kunst aus und spüre immer
  wieder dem nach, was dich darin »zwischen den Zeilen«
  berührt. Dies ist ein Weg, sich mit dem kosmischen
  Gedankenmeer zu verbinden.

Heben wir in unser Bewusstsein, was wir bereits wissen:

- Friede ist der Schlüssel zur Weisheit. Nur wenn wir in vollkommenem Frieden leben, kann sich die universelle Weisheit in uns offenbaren.
- Die schrittweise Offenbarung der universellen Weisheit gibt uns Kraft, den Frieden selber bewusst zu leben, ihm durch unsere Person Ausdruck zu geben.
- Tun wir dies in Ehrfurcht.

Erkenne diesen Frieden mit deinem Geist, ersehne diesen Frieden mit deinem Herzen, erfülle diesen Frieden mit deinem Körper.[17]

Montagabend – Engel des Friedens

Friede, Friede, Friede – Engel des Friedens, sei immer überall.

Nach sieben Jahren:

Friede, Friede, Friede, Engel des Friedens, sei immer hier.

Himmlische Kraft des Friedens, du bist der Schlüssel zu allem Wissen, zu aller Weisheit, zu jedem Geheimnis, zu allem Leben. – So steht es in den heiligen Lehren.[18] – Wenn Frieden regiert, kann sich nichts Böses halten – dann kann das Gesetz in Freuden erfüllt werden. – Das Gesetz, das uns ins Königtum der Himmel in uns führt, uns eins werden lässt mit unserem Geist-Seelen-Ego-Selbst. – Jesus der Christus sagte: *Friede, Friede, Friede, Engel des Friedens, sei immer hier.*

Himmlische Kraft des Friedens, erfülle unseren Geist, unser Denken, Fühlen, Handeln, damit wir die Traurigen trösten und den Streit der Zankenden schlichten können! – Nur wenn Frieden in uns ist, gelangen wir an die Quellen der Weisheit. – Wo Frieden herrscht, kann weder vergiftende Unzufriedenheit noch Unfrieden sein, kein Krieg, keine Gewalt, kein Neid, kein Hass.

Denn: *Glücklich sind bereits die, die um Frieden ringen, denn sie werden den Frieden des Himmlischen Vaters finden* – so steht es geschrieben![19]

Und wir wissen: Frieden ist die Frucht der Weisheit. – Weisheit zu erlangen ist die Aufgabe unserer permanenten

Persönlichkeit G durch ihre Erfahrungen mit unserer derzeitigen Persönlichkeit G.

Ich betrete den ewigen und unendlichen Garten des Wunders, voll Ehrfurcht vor dem Himmelsvater, voller Ehrfurcht vor der Erdenmutter...

Friede, Friede, Friede, Engel des Friedens, sei immer überall.

Gib uns den Frieden unserer Erdenmutter, damit alle unsere Handlungen von Frieden und Freude geleitet werden.

Gib uns den Frieden unseres Himmelsvaters, damit alle unsere Gedanken dazu beitragen, Frieden zu stiften, positiv kreativ sein zu können. Ohne wahren Frieden in uns gibt es keine wahre Selbstverwirklichung. Lass den Frieden der Erdenmutter und des Himmelsvaters in uns Menschensöhnen regieren, damit neues, unnötiges Leid verhindert werden kann. – Hilf uns bei unserem Bemühen, Frieden zu bewahren, Frieden zu stiften! – Denn Frieden, wahrer Frieden in unserem Herzen, kommt nicht von selbst.

Wenn es für dich stimmt und es so ist, dass du es möchtest, so bitte: Ich möchte daran arbeiten und damit beginnen, Frieden mit mir selbst zu schließen – und allmählich mit dem ganzen Universum, mit allem Leben. Lass es eine meiner vorrangigsten Aufgaben werden, Frieden in mir zu bewahren. – Es steht geschrieben in den Heiligen Lehren: *Wer keinen Frieden in seiner Seele hat, in dem gibt es keinen Platz, um den heiligen Tempel zu bauen,*[20] dem ist es nicht möglich, Spiritualität zu leben.

Wir wissen auch: Wo Frieden herrscht, ist Ruhe. Denn Frieden wohnt in der Stille des Herzens – bleibt friedvoll, auch wenn Unruhe die Oase des Friedens umgibt.

Wo Frieden regiert, kann sich das Heilige Gesetz in seiner Schönheit entfalten.

Ich betrete den ewigen und unendlichen Garten des Wunders, mein Geist – im Moment – in Einheit mit dem Himmelsvater, mein Geist – im Moment – in Einheit mit der Erdenmutter, mein Herz in Harmonie mit allen Kindern des Lichts...

Friede, Friede, Friede, Engel des Friedens, sei immer hier.

Herrliche Frucht vom Baum des Lebens. Wir kommen dir entgegen –Dir, himmlische Kraft des Friedens! Wir wünschen uns aus tiefster Seele: Sei immer mit uns!

Frieden, Frieden, Frieden – himmlische Kraft des Friedens, sei immer hier – Erfülle unseren Körper mit dem Frieden der Erdenmutter, unseren Geist mit dem Frieden des Himmelsvaters. Erfülle unser SEIN mit dem Frieden des Himmlischen Vaters! – Wenn dem so ist, dann sind wir zuhause!

Wir stimmen uns ganz auf Frieden ein – bis wir ganz im Frieden sind, in der Vibration *Frieden* schwingen.

Sieh den Planeten – umarme, umfange ihn mit dieser Vibration – durchwirke ihn mit Frieden.

Komm langsam zurück

Frieden, Frieden, heiliger Frieden – sei immer mit mir und bei mir.

Jetzt siehe: Hast du Frieden in dir? – Gibt es *Feinde* oder *Blöde* für dich? – Kannst du ihnen den Gruß senden: *Der Friede sei mit dir!* – In Ernsthaftigkeit und Liebe? – Möchtest du mit der Person etwas sprechen, sie etwas fragen, ihr die Wahrheit sagen, auch wenn es für sie oder für dich schmerzvoll ist? – Tu, was du kannst. – Erkenne, was noch zu tun ist.

Dienstagmorgen – Engel der Freude

*Engel der Freude, komme herab auf die Erde und bringe
Schönheit allen Geschöpfen.*
Nach sieben Jahren:
*Engel der Freude, steige herab auf die Erde, verströme
Schönheit und Freude auf alle Kinder der Erdenmutter
und des Himmelsvaters.*

Komme zu uns und lass uns die wahre Freude erfahren,
um nicht Ersatzfreuden zum Opfer zu fallen! Ersatzfreuden, Blendwerk, dem wir Schönheit zusprechen, das uns
zu Sklaven machen kann. – Schönheit ist nicht etwas,
das unserem Geschmacksempfinden, unserem Urteil
entspringt! Schönheit ist ein Prinzip und ist in der Offenbarung des Gesetzes, der Offenbarung des Heiligen Logos
und des Heiligen Geistes zu erkennen – im Ausdruck der
Wahrheit, der Vollkommenheit, der Vollmacht und der
Herrlichkeit. Sie liegt der gesamten Schöpfung zugrunde.

Schönheit und Quellen der Freude sind überall! – Wir
bitten darum, mit den Augen des Geistes sehen zu dürfen,
um über das Erkennen der Schönheit die wahre Freude zu
finden!

Gehen wir bewusst in das Meer der Schönheit! – Betreten wir eine Wiese nach dem Regen. – Riechen den Duft! –
Sehen die Blumen. – Was ist der Sinn ihres Daseins? – Die
Wiesen und Felder zu schmücken, den Insekten Nahrung
zu geben – uns Menschen zu erfreuen!

Wenn wir in Freude sind, wird alles, was zu tun ist, leichter.

Lernen wir unentwegt aus dem lebendigen Buch der Schöpfung: Welchen Eigenzweck hat die Blume, der Baum? – Das Gras? – Wer spricht zu ihnen, um zu sagen, wie schön und wichtig sie sind? Sie sind, weil sie sind...

Höre den Gesang der Vögel bei Sonnenauf- und -untergang. Höre, höre den Jubel! Stimme mit deinem Herzen ein in ihren Jubelgesang, zur Ehre des Allerhöchsten! Zum Dank an unsere Erdenmutter, zum Dank an unseren Himmelsvater.

Wir sehen einen Sonnenaufgang vor unseren inneren Augen und erkennen die Majestät seiner Schönheit. Was löst das in uns aus, was weckt dies in unseren Herzen?

Langsam, ganz langsam öffnen wir unsere Augen des Erkennens:

Was ist das Prinzip, das der gesamten Schöpfung zugrunde liegt? – Liebe! – Suche den Beweis! – Du wirst ihn finden, wenn du nur deinen physischen Körper anschaust! Wunder über Wunder! – Weisheit und Wissen ohne Ende.

Schauen wir kurz hin, was uns Menschen alles gegeben ist, damit wir sein, existieren und uns ausdrücken können! – Das sind nicht nur die drei Körper [G], sondern viel, viel mehr! – Erkenne es selbst.

Merkst du, die Aufzählung nimmt kein Ende! Und wann wirst du echte Freude daran haben? Wenn du dir der herrlichen Gaben bewusst wirst, wirkliches Wissen von ihnen hast und du sie in der rechten Weise benutzt.

Betreten wir wissend den Garten, damit wir uns mit der himmlischen Kraft der Freude verbinden können.

Ich betrete den ewigen und unendlichen Garten des Wunders mit Ehrfurcht,

mein Geist in Einheit mit dem Himmelsvater, mein Körper in Einheit mit der Erdenmutter, mein Herz in Harmonie mit allen Kindern des Lichts.

Gleite hinein in den Frieden, den du im ewigen Garten findest, und bitte den Engel des Friedens, er möge dich während des Tages begleiten.

Jetzt wende dich dem Engel der Freude zu und bitte auch ihn: *Engel der Freude, steige herab auf die Erde, verströme Schönheit und Freude auf alle Kinder der Erdenmutter und des Himmelsvaters.*

Engel der Freude, lehre uns, in der Schöpfung nicht nur die für die Sinne wahrnehmbare Schönheit zu sehen, sondern die Schönheit, die in der Vollkommenheit aller Ausdrucksform des Lebens, aller Existenz zu finden und zu erkennen ist. Öffne uns die Augen für die lebendige Schönheit, auch wenn ihr Ausdruck uns mit Schmerz oder Leid berührt! Wenn wir das nicht vermögen, unterliegen wir der Illusion, es gäbe etwas, das ganz ohne Schönheit ist, nur weil wir nicht sehen, nur weil unser Geist blind und schwer geworden ist durch das, was uns nicht gefällt. – Das, was wir in etwas hineinlegen, wird uns wieder entgegentreten. Das Erkennen dieser Schönheit gibt uns Freude, weckt Ehrfurcht und Liebe. – Wer in Freude lebt, der lebt in Frieden – und wir alle wünschen uns Frieden.

Engel der Freude, wir nähern uns dir, um die himmlische Freude zu erfahren – (so gut es jeder von uns vermag), damit wir unterscheiden lernen, was echte Freude, was »in Freude sein« ist und was versklavende Ersatzfreuden sind.

Steige die Himmelsleiter ^{G} herab, lass uns erfahren, welche Kraft du in uns wecken kannst und welche Kraft dir innewohnt!

Öffnen wir uns ganz, um uns erfüllen zu lassen von der Vibration himmlischer Freude – bis wir Freude sind – gewahrend, was Freude bewirkt, was Freude ist.

Vielleicht dürfen wir wahrnehmen, wie diese Freude langsam unser ganzes Sein erfasst!

Vielleicht dürfen wir mit ihr gleichschwingen – mit und in der Vibration der himmlischen Freude.

Atme sie ein und aus, diese Freude!

Erkenne, wo und durch was du diese Freude finden kannst!

Verstehst du, weshalb Jesus die Worte an seine Schüler richtete:

Und ihr werdet wissen, dass niemand vor den Himmelsvater tritt, der nicht von dem Engel der Freude vorbeigelassen wurde, denn in Freude wurde die Erde geschaffen. Und in Freude erschufen die Erdenmutter, der Himmelsvater ^{G} und der Himmlische Vater den Sohn des Menschen! [21]

Und weiter sagte er:

Wahrlich ich sage euch, wenn der Sohn des Menschen keine Freude in seinem Herzen verspürt, arbeitet er für

den Satan und bringt den Söhnen der Finsternis Hoff-
nung.[22]

Erkenne selbst: Wo wahre Freude herrscht, ist Liebe!
Wahre Freude und Liebe, sind sie zu trennen? – Nein! –
Wo keine Freude ist, kann auch keine Liebe sein. – Sieh
die Macht der Freude!

Danke für diese Gottesgabe – danke dem Engel der
Freude.

Lass deine Freude zu Gott aufsteigen!

Und wenn du möchtest, lege das, was du jetzt in dir
spürst, um den ganzen Erdball,

durchströme das ganze Universum.

Langsam komme zurück, spüre deinen Atem und deine
Form.

Dienstagmittag –
Friede mit der Menschheit

Ich betrete den ewigen und unendlichen Garten in Ehrfurcht vor dem Himmelsvater, in Ehrfurcht vor der Erdenmutter, in Ehrfurcht vor der heiligen, reinen und rettenden Lehre und dem Einen Gesetz.

Unser Vater, der Du im Himmel weilst, schicke allen Söhnen und Töchtern der Menschen Deinen Engel des Friedens; und schicke der ganzen Menschheit den Engel der schöpferischen Arbeit. Denn im Besitz einer heiligen Aufgabe bedürfen wir keiner anderen Segnung mehr.

Prüfe, ob du folgenden Erkenntnissen der Essener in dem Inneren zustimmen kannst:
- Alles ist in Fülle vorhanden, was ich brauche, um glücklich zu sein.
- Ich bin frei von dem Wunsch nach Reichtum. (Ich habe keine Angst, meinen Besitz zu verlieren.)
- Die Natur ist meine Bibel. Ehrfürchtig in ihr arbeitend wird sie mir zu einer unerschöpflichen Quelle von Wissen, Energie und Harmonie.
- Auch wenn ich mit den anderen Menschen alles teile (die Arbeit und ihre Früchte), so gehe ich doch meinen eigenen Weg des Herzens. Ich bin frei von der Anerkennung anderer.

- Ich bin bereit, allen Frieden anzubieten: Pharisäern und Priestern, Bettlern und Heimatlosen, Königen und Herrschern, Wissenden und Unwissenden. Denn ich weiß, alle Menschen sind Kinder Gottes.[23]

Erkenne diesen Frieden mit deinem Geist, ersehne diesen Frieden mit deinem Herzen, erfülle diesen Frieden mit deinem Körper.

Dienstagabend – Engel der Kraft

Engel der Kraft, gehe ein in meinen Körper und leite alle meine Taten!

Nach sieben Jahren:

Engel der Kraft, steige zu mir herab und erfülle alle meine Taten mit Kraft!

Unsere Taten sind Früchte, die wir durch uns selbst hervorbringen. – Wir wissen es: Die perfektesten und heilbringendsten Theorien zur Verbesserung der Welt ändern nichts an den bestehenden üblen Umständen, wenn sie nicht in die Tat umgesetzt werden. – Ohne Taten sind wir wie ein Baum, der keine Früchte trägt, und wie tote Menschen unter Lebenden, und wir sprechen die Sprache der toten Menschen. (Wir drücken uns in der Sprache toter Menschen aus.)

Eigene Früchte, Taten hervorzubringen und dabei unberührt von der Meinung anderer zu bleiben, erfordert oft Mut!

Fragen wir uns:

Was ist es, das unsere Taten kraftvoll werden lässt?

Was ist es, das unsere Taten leitet?

Es ist eine Kraft, die folgendes zum Inhalt hat: Wissen darüber, was zu tun ist; wie das, was zu tun ist, ausgeführt wird; Willenskraft und Tatkraft zur Verwirklichung des Wissens.

Diese Eigenschaften im Gleichgewicht lassen Freude entstehen – Schaffensfreude, Willensfreude, die unsere

Taten beflügelt und die Ausführung unserer Handlungen, unseres Wollens, leicht macht.

Was ist eine weitere Voraussetzung für die volle Entfaltung unserer Tatkraft?

Innere Freiheit! Innere Freiheit haben wir, wenn wir ganzherzig zu unserem Vorhaben stehen können, ohne Selbstzweifel, ohne Angst vor Kritik von außen – das heißt, wenn wir unsere Gedanken, unsere Gefühle, die wir durch unsere Handlung zum Ausdruck bringen, mit unserem ganzen Sein bejahen.

Das gibt uns Freude und Tatkraft.

Wir betreten jetzt den ewigen und unendlichen Garten des Wunders, voller Ehrfurcht vor dem Himmelsvater, voller Ehrfurcht vor der Erdenmutter...

Engel der Kraft, gehe ein in meinen Körper und leite alle meine Taten.

Wir wenden uns diesem Engel zu: Engel der Kraft – auch du schwingst im kosmischen Meer des Lebens. – Alles, was im Weltall existiert, ist in diesem kosmischen Meer des Lebens durch die darin strömenden kosmischen Kräfte unentwegt miteinander verbunden.

Alle Formen des Lebens und alle anderen Lebewesen (lebendigen Wesen?) vereinigt und verbindet dieser Strom kosmischer Energie und Kraft.

Diese kosmischen Kräfte umgeben uns nicht nur – sie sind auch in uns!

Wie könnten wir sonst in Resonanz mit ihnen kommen!

Nun wenden wir uns den Sternen zu, so wie es uns Jesus der Christus gelehrt hat: Wir besinnen uns auf die Sterne, auf ihre Strahlen, ihr Licht und öffnen uns ganz der kosmischen Kraft der Sterne, um sie mit unserem Nervensystem aufzunehmen.

In Ehrfurcht nähern wir uns dieser Kraft, um ihr Geheimnis zu erfahren.

Wir haben sie zu ergründen, um Wissen über sie zu erhalten, damit wir sie bewusst zum Ausdruck bringen können – IHM zu Ehren!

Ihr Himmlischen, unsere Freude ist groß, wenn es uns erlaubt wird, einem neuen Aspekt eurer Herrlichkeit näherzukommen.

So gut wir es vermögen, nehmen wir die den Sternen entströmende kosmische Kraft durch unser Nervensystem in unseren Körper auf.

Das Beobachtende in uns lässt uns wahrnehmen, welche Empfindungen diese Kraft in uns auslöst, was sie beinhaltet und was sie in uns bewirkt.

Gelingt es dir, diese Kraft wahrzunehmen?

Was findest du?

Wir bitten noch einmal: *Engel der Kraft, steige herab zu uns und stärke unser Nervensystem!*

Wir brauchen ein starkes Nervensystem, um starke Gefühlsströme und das Licht der Wahrheit ertragen und durchstehen zu können, ohne dass unser physischer und psychischer Körper ^G durch diese Strömungen in Disharmonie gerät oder gar zu Schaden kommt.

Durchstehen und ertragen können gibt Kraft und Macht im Geiste.

Diese Macht, diese Kraft des Geistes durchwirkt unseren materiellen Körper, sie durchströmt und erfüllt ihn.

Sie verleiht ihm Flügel und lässt uns schwierige Handlungen leicht durchführen.

Kannst du wahrnehmen, dass es so ist, während der Engel der Kraft sich mit dir verbindet?

Hören wir, was die alten Schriften uns künden:

Haltet die Kommunion mit dem Engel der Kraft, der die Sonne mit Hitze erfüllt und die Hand des Menschen in all seinen Werken führt. – Dein, oh Himmlischer Vater, war die Kraft, als Du für jeden von uns einen Weg bestimmtest – und für alle anderen Söhne und Töchter der Menschen. – Durch Deine Kraft werden meine Füße den Pfad des Gesetzes beschreiten. – Durch Deine Kraft werden meine Hände Deine Werke tun! [24]

Und Jesus sagte: *Denn wahrlich, ich sage euch, so wie es kein Leben auf der Erde ohne Sonne gibt, so gibt es ohne den Engel der Kraft kein Leben des Geistes.* [25]

Leicht können wir erkennen: Ohne ein Leben im Geiste kann es auch zu keinen sichtbaren Taten kommen.

So bitten wir: *Engel der Kraft, steige herab zu uns und erfülle alle unsere Taten mit dieser heiligen Kraft.*

Durchwirke unsere Gedanken, Worte und Taten. Mit deiner Hilfe können wir zu uns selbst stehen! Sie verleiht uns Mut, Kraft und Macht. Mit deiner Hilfe können wir unseren eigenen Willen ausdrücken und werden nicht das Opfer einer Schwäche – zum Beispiel der Verleugnung.

Mit deiner Kraft können wir einen wichtigen Mosaikstein zum Frieden in uns erarbeiten und durch unser Beispiel anderen Mut machen, es uns gleichzutun.

Mit deiner Hilfe können wir bewusst im Garten der Bruderschaft mitarbeiten und dort, wo es möglich ist, den Boden bestellen, damit der darin schlummernde Samen der Wahrheit erblühen und seine Schönheit kundtun kann.

Stärke uns, Engel der Kraft.

Wir bitten auch darum, dass wir die Macht, die uns durch dich gegeben wird, immer bewusst zum Guten gebrauchen! – Wir selbst hätten durch Missbrauch den größten Schaden!

Öffnen wir uns ganz dieser Kraft, um sie bewusst und wissend zu empfangen.

Wir nehmen sie mit unserem Nervensystem auf und lassen unseren ganzen Körper durchfluten – wahrnehmend – den Inhalt dieser Kraft analysierend – ohne Worte – selbstgewahr die Reaktionen in uns erfahrend

DANKEN wir, jeder auf seine Art, schweigend oder mit Worten.

Spüren wir unseren Körper, unseren Atem.

Vielleicht verstehen wir jetzt die Worte Jesu besser:

Denn wahrlich, ich sage euch (es ist die Wahrheit, wenn ich euch sage): So, wie es kein Leben auf der Erde ohne Sonne gibt, so gibt es ohne den Engel der Kraft kein Leben des Geistes. Was ihr denkt und was ihr fühlt, das ist wie eine tote Schrift, die nur Worte auf einer Seite ist oder wie die tote Sprache der toten Menschen. Aber die

Söhne des Lichts werden nicht nur denken, nicht nur fühlen, sondern werden auch tun, und ihre Taten werden die Erfüllung ihrer Gedanken und Gefühle sein, so wie die goldenen Früchte des Sommers dem grünen Frühling ihre Bedeutung geben.[26]

Mittwochmorgen – Engel der Sonne

Engel der Sonne, ströme in mein Sonnenzentrum und gib das Feuer des Lebens meinem ganzen Körper.
Nach sieben Jahren:
Engel der Sonne, tritt in meinen Körper ein und lass mich im Feuer des Lebens baden.

Sieh die Erhabenheit der aufgehenden Sonne. Erkenne das Wirken unseres Himmlischen Vaters. Wortlos, Stille ausdrückend, unübertroffen in seiner Majestät. – Was regt sich in dir, wenn du mit den Augen des Wissens, den Augen des Geistes schaust?

Nicht nur zum beglückenden Schauspiel wurde die Sonne geschaffen. Ihre Strahlen geben nicht nur Licht und Wärme. Die Sonne ist die Energiequelle auf Erden, ohne die es kein Leben auf dem Planeten gibt. Sie gibt uns Stärke und Lebenskraft. Sie ist uns Symbol der Liebe.

Wir betreten in Bewusstheit den ewigen und unendlichen Garten des Wunders, wissend wer wir sind. Denn nur den Söhnen der Menschen ist es gegeben, hier auf Erden in Bewusstheit den ewigen Garten zu betreten.

Wir betreten ihn wissend, was wir sagen, wissend, was wir tun.

Wir nähern uns der himmlischen Kraft der Sonne, gehen ihr entgegen, um diese Kraft bewusst aufzunehmen, um sie in alle Teile unseres Körpers zu leiten.

Wir sehen das strahlende Licht der Sonne, fühlen, wie es uns berührt und wie es stärker, wärmer wird, je höher die Sonne steigt.

Das Licht, die Wärme, sie bleiben nicht auf der Oberfläche unseres Körpers, sie dringen durch die Hautoberfläche, und wir können sie lenken und leiten.

Doch jetzt lassen wir unseren Körper in diesem Licht baden.

Während wir das tun, nehmen wir alles wahr, was dies in uns, in unserem physischen Körper auslöst.

Durch unser Wissen, unseren Willen, durch den Engel der Kraft können wir in Bewusstheit Handelnde werden und das Licht der Sonne und ihre Lebenskraft über das Sonnengeflecht in uns einströmen lassen.

Wir sehen es – sehen, wie das Licht der Sonne in unser Sonnengeflecht einströmt, dort, wo sich die Engel des Tages und der Nacht treffen.

Sehen und spüren wir, wie das ganze Nervensystem darin badet – ja, wie unser ganzer Körper vom Nervensystem durchwirkt wird.

Der Engel der Sonne ist mit uns!

Nichts entgeht unserer Achtsamkeit: Wir wissen, dass *wir* es sind, die im Garten des Ewigen stehen! Wissen empfangend! So bitten wir: Engel der Sonne, betrete unseren heiligen Tempel und gib diesem die Kraft deines Lichtes, lass uns im Feuer des Lebens, das auch das Feuer des Geistes ist, baden.

Reinige unseren Körper von allem Krankmachenden, damit sich die Flamme des Geistes voll entwickeln kann.

Ohne deinen Ausdruck, ohne deine Wärme erstarrt alles! – Ohne dein Licht kann sich kein Leben entwickeln. – Ohne dein Licht ist auch nichts sichtbar! – Wo *du* bist, kann sich nichts Dunkles halten. – Vor deinem Glanze löst sich Dunkles auf.

Es ist so, erinnere dich: Wenn die untergehende Sonne hinter der Krone eines Baumes steht, verschwindet die Krone. Nur strahlendes Licht ist an dieser Stelle im Baum zu sehen!

Erinnere dich: Mücklein, die im Sonnenlicht tanzen, werden durchscheinend, lichterfüllt im Glanze der Sonne.

Wenn wir selbst zur Sonne geworden sind, vermögen wir das gleiche: Dunkles wird weichen! – Licht wird erstrahlen, wo Finsternis wahrgenommen wird. Dunkelheit, Finsternis, Nacht – Phänomene, die es nur in der materiellen Welt gibt. Es liegen die gleichen Gesetze wie im In-Erscheinung-Treten des Bösen zugrunde.

(Das Empfinden von Dunkelheit in der materiellen Welt ist eine Illusion – das Licht ist da!)

Engel der Sonne, himmlische Kraft, die der Sonne innewohnt, wir wollen das Feuer des Lebens, das Licht vom Licht nur zum Guten gebrauchen! – Nur stark und leuchtend möchten wir werden – stark und leuchtend wie die Sonne am Mittag – ein Ausdruck strahlender Liebe.

Wir möchten im Licht dieser Liebe auch die Wahrheit über das, was in unserem Unterbewusstsein schlummert, finden.

Damit wir in Bewusstheit und Freude damit arbeiten können, um dem Licht der Liebe in uns mehr Kraft zu geben.

Damit wir unterscheiden lernen, was Illusion, was Wirklichkeit ist.

Damit wir erkennen, wann wir welchem Herrn dienen und wie wir die Unwissenheit in uns zu Wissen wandeln können, um durch dein heiliges Feuer wahre Alchimisten zu werden, um heil zu werden – dem Himmlischen Vater zu Ehren, der Welt und uns selbst zur Genesung. – Und auch dafür, dass SEIN Kreuz leichter wird – und sich der göttliche Plan erfülle!

Engel der Sonne, tritt ein in unseren heiligen Tempel und gib uns die himmlische Kraft deines Lichtes – lass unseren Körper genesen, reinige unser Herz und lass die Kraft unseres Geistes mächtiger werden.

Steige die Himmelsleiter herab, lass uns erfahren, welche Kraft du in uns wecken kannst und welche Kraft dir innewohnt! – Öffnen wir uns ganz, um uns erfüllen zu lassen von der Vibration des Engels der Sonne.

Das Beobachtende in uns lässt uns wahrnehmen, welche Empfindungen diese Kraft in uns auslöst, was sie beinhaltet und was sie in uns bewirkt.

Engel der Sonne, tritt ein in unseren heiligen Tempel und gib uns die himmlische Kraft deines Lichtes!

Spüren wir unseren Atem – spüren wir unseren Körper.

Danken wir ein jeder auf seine Weise.

Bitte/Wunsch

Mögen uns der Engel des Friedens, der Kraft und der Engel der Sonne durch den heutigen Tag für uns erfahrbar begleiten.

Mittwochmittag – Friede mit der Familie

Ich betrete den ewigen und unendlichen Garten in Ehrfurcht vor dem Himmelsvater, in Ehrfurcht vor der Erdenmutter, in Ehrfurcht vor der heiligen, reinen und rettenden Lehre und dem Einen Gesetz.

Unser Vater, der Du im Himmel weilst, sende den Engel des Friedens zu allen Söhnen und Töchtern der Menschen; und sende denen aus unserem Samen und unserem Blute den Engel der Liebe, auf dass Friede und Harmonie für immer in unserem Hause verweilen.

Prüfe, ob du diesem Satz zustimmen kannst:
• Ich weiß etwas erst wirklich, wenn ich es selber durch meine Person zum Ausdruck bringe.

Wenn du diesem Satz zustimmen kannst, prüfe die folgenden Sätze:
• Was wahre Liebe ist, weiß ich erst dann, wenn ich sie selber zum Ausdruck bringe.
• Will ich mich heute in all meinen Gedanken, all meinen Worten und Taten von Liebe leiten lassen? (Will ich alles überdenken, indem ich vom Herzen her voller Liebe denke?)

Gesegnet ist das Kind des Lichts, das reinen Herzens ist, denn es soll Gott schauen. Denn so, wie der Himmlische Vater dir seinen heiligen Geist gab und deine Erdenmutter dir ihren heiligen Körper, so sollst du Liebe geben all deinen Brüdern.[27]

Ich kann das Göttliche im anderen nur erkennen, wenn ich ihn mit Augen voller Liebe anschaue, es vielleicht in ihm auf diese Weise wecke, wo er es selber noch gar nicht sieht, wo er noch in großer Dunkelheit lebt, weil er – im Moment – in Disharmonie mit der Liebe lebt. (Prüfe, ob dieser Satz für dich stimmt.)

Erkenne diesen Frieden mit deinem Geist, ersehne diesen Frieden mit deinem Herzen, erfülle diesen Frieden mit deinem Körper.

Mittwochabend – Engel der Liebe

Engel der Liebe, ströme in meinen Gefühlskörper ^{G} und reinige alle meine Gefühle!
Nach sieben Jahren:
Engel der Liebe, steige zu mir herab und erfülle alle meine Gefühle mit Liebe!

Wahre Liebe verbindet. – Wahre Liebe heilt. – Wahre Liebe zieht wahre Liebe an. – Sie lässt reifen, wachsen, verstehen. – Sie ist für das materielle Auge nicht sichtbar, nicht greifbar. Ihre Macht ist nur in den Auswirkungen ihres Vorhandenseins erkennbar. – Wo Liebe herrscht, kann sich nichts Böses halten.

Treten wir ein in den ewigen und unendlichen Garten des Wunders. Unser Geist (im Moment) in Einheit mit dem Himmelsvater, unser Körper (im Moment) in Einheit mit der Erdenmutter, unser Herz in Harmonie mit allen Kindern des Lichts.

Engel der Liebe, ströme in meinen Gefühlskörper und reinige alle meine Gefühle.

Erkennen wir: Weshalb kann wahre Liebe alles vereinen? Wahre Liebe ist die höchste schöpferische Empfindung und Gefühlsvibration. Sie ist frei von irdischer Verhaftung. Ihre Schwingung kann uns erheben, um unserem Himmelsvater, unserer Erdenmutter näherzukommen, um EINS mit ihnen zu werden *in* Liebe, durch die verbindende Kraft der Liebe, denn sie sind Liebe.

Jesus der Christus lehrt uns: *Denn durch die Liebe werden Himmelsvater, Erdenmutter und der Menschensohn eins.*[28]

Sehen wir mit den Augen des Erkennens, mit den Augen des Begreifens die Macht der Liebe, die nur in der Schönheit des Friedens ihre Blüten voll entfalten kann. Sehen wir ihre Auswirkung und was sie zu bewirken vermag. Wir tragen unseren Wunsch vor den Engel der Liebe: Engel der Liebe, wir möchten in deinen heiligen Wassern baden, damit wir am Morgen und am Tage allen Menschen mit sanften, mitfühlenden Worten und Taten begegnen können. Damit wir die Liebe in unserem Herzen tragen, damit wir deine Liebe, wann immer es angebracht ist, durch uns verschenken können. – Um die Gebote zu erfüllen, die Jesus der Christus uns als Richtlinien gegeben hat:

Du sollst deinen Himmlischen Vater lieben, aus ganzem Herzen, aus ganzer Seele und mit all deinen Taten.[29]

Wenn wir das vermögen, dann sind wir zuhause, sind in Ihm und ER in uns.

Denn der Himmlische Vater ist Liebe. Und wer in der Liebe wohnt, wohnt im Himmlischen Vater und der Himmlische Vater in ihm. – Es sind Worte Jesu![30]

Und das zweite Gebot: *Du sollst deinen Nächsten lieben wie dich selbst (den Gott, das Selbst in deinem Nächsten wie den Gott, das Selbst in dir).*[31]

Wenn uns *das* gelingt, dann ist das Gefühl der Ich-Bezogenheit von uns gewichen. Wir sind eins mit unseren

Brüdern und Schwestern – ihr Schmerz wird zu unserem Schmerz.

Jetzt blicken wir in das Gesicht der Menschheit! – Wie? Sieh das Gesicht eines Bettlers, eines Verwahrlosten, eines Mörders, eines Heiligen. Sieh das Gesicht eines Verwirrten, eines Weisen, eines Wahnsinnigen, eines Suchenden, eines Reinen, eines Wissenden, eines Unwissenden, eines Hassenden, eines Liebenden, eines Unschuldigen! – Sieh alle diese Gesichter gleichzeitig! Sieh sie mit den Augen des Christus. – Er ist ein Teil von dir, also kannst du auch mit seinen Augen sehen, mit seinem Herzen fühlen, mit seinem Herzen lieben. – Strecke deine Hände aus, berühre ein Gesicht nach dem anderen – berühre es mit der Liebe des Christus und nimm wahr, wie das ist.

Reich sind die Geliebten! Scheue dich nicht, den Kopf eines Armen in deine Hände zu nehmen, um seine Stirn zu küssen. – Liebet einander, so wie ich euch geliebt habe und immer lieben werde – bis ans Ende der Tage – bis ans Ende der Zeit! – Diese Worte sind die Botschaft des Jesus am Kreuz, die er ohne Worte ausgesandt hat, an einen jungen Römer gerichtet.

Ja, wir sind eins mit dem Himmlischen Vater, sind wir doch aus seiner Liebe heraus in Liebe erschaffen und geboren! Unsere Natur ist Liebe. – Selbst die Möglichkeit einer Existenz hier auf Erden wurde uns gegeben durch den Ausdruck von Liebe unserer Eltern – durch ihre körperliche Vereinigung, durch ihre Zuneigung zueinander.

Wir gleiten noch tiefer hinein in den Garten des Ewigen.

Wir stehen vor dem Baum des Lebens und bitten den himmlischen Boten:

Engel der Liebe, steige herab zu mir und erfülle alle meine Gefühle mit Liebe.

Während wir diese Worte sprechen, sendet unser Gefühlskörper höhere Gefühlsströme zu allen Geschöpfen der Erde und kommt in Verbindung mit dem kosmischen Meer der Liebe und zieht die Strömung des kosmischen Meeres an.

Sieh, was sich dadurch verändern wird!

Lass uns deine herrliche Frucht kosten, damit unser Denken, unsere Taten von Liebe durchwirkt werden! Wir sind bereit, dich zu empfangen, Engel der Liebe.

Lasse dich ganz von der Vibration der göttlichen Liebe erfassen – du bleibst dabei Beobachtendes.

Lass diese Liebe sich ausbreiten – nimm wahr, wie sie den Erdball umfängt, das Universum durchströmt!

Der ewige Quell der Liebe ist in dir!

Wir alle können dadurch selbst zum Quell der Liebe werden!

Mit deiner Hilfe kann und wird uns dies gelingen – Engel der Liebe.

Wirke und bewirke in uns, während wir uns in der Nacht in die Arme des Himmelsvater begeben, um in ihnen zu ruhen – damit wir als menschliches Wesen auch unsere kosmische Aufgabe erfüllen können, nachdem wir unsere irdische bewältigt und erfüllt haben.

Wenn wir wahre Liebe entwickelt haben, dann kennen wir alle Engel des Himmelsvaters.

Danken wir ein jeder auf seine Art und Weise.

Spüre deinen Körper, spüre deinen Atem

Donnerstagmorgen – Engel des Wassers

Engel des Wassers, gehe ein in mein Blut und gib das Wasser des Lebens meinem ganzen Körper.
Nach sieben Jahren:
Engel des Wassers, tritt in mein Blut und gib meinem Körper das Wasser des Lebens.

Wasser – was wäre unsere Welt ohne Wasser! – Eine tote Wüste! – Sieh es!

Jetzt wende dein Sehen den verschiedenen Formen des Wassers zu und sieh deren Aufgabe und Schönheit: Sieh mit den Augen des Begreifens, den Augen der Seele:

den Tau – den Regen – das Bächlein – den Fluss – den See – das Meer.

Erkenne die lebenspendende, heilige Kraft des Wassers!

Es vermag in der Trockenheit der Wüste das Leben in den Samen zu erwecken, lebendiges Grün hervorzubringen! – Das gilt für die Wüste in der materiellen Welt genauso wie für die geistige Wüste des Nichtwissens.

Wasser bringt die gleiche Liebe zum Ausdruck wie das Licht der Sonne, wie die Luft, die wir atmen.

Wasser verweigert sich keiner Existenz. – Es bewässert alles, gibt sich hin, ohne Unterschiede zu machen.

(Siehe und erkenne im Wasser das Charakteristische der Heiligen Erdenmutter, deren Superintelligenz und Hingabe, unterschiedslos ihre Aufgabe erfüllend, ohne jegliche Ichbezogenheit.)

Die dem Wasser innewohnende reinigende, belebende und heilende Kraft wirkt auf allen Ebenen unseres Daseins. Jesus der Christus sagte: *Wie Wasserläufe in einem trockenen Land sind die Kinder des Lichts, die das Heilige Gesetz in die Welt der Menschen bringen.*[32]

Können wir das so verstehen: »Wie Wasserläufe in einem trockenen Land sind die Wissenden, die die Gesetze durchschauen und die uralten Lehren befolgen, bewusst danach leben und durch ihr Beispiel lehren«?

Sieh: So wie die Erde, die Natur das Wasser benötigt, so braucht es unser Körper! Er ist durchwirkt vom lebensnotwendigen, lebendigen Wasser und unser Geist vom Wasser des Lebens.

Sieh deinen Alltag ohne Wasser! Sieh, wie es ist, wenn es dir genommen wird! – Jetzt schau dir auch an, wie es für die Mutter Erde ist, wenn ihr das Wasser genommen wird: Sieh sie vor dir, die leidende Natur! Verdorrte Bäume, leere Ströme und Meere – sieh es ganz deutlich vor dir.

Und welche Konsequenzen hat verschmutztes, vergiftetes Wasser! Sieh es! Gift, Schmutz in den Seen, Flüssen, Meeren, vom Himmel fahrend – in allen Gewässern! – Sieh die Konsequenzen!

Genauso wie mit dem Wasser und unserer Mutter Erde verhält es sich mit unserem Blut und unserem Körper: Wo das Blut nicht rein ist, ist der Körper nicht gesund! – Unser Blut ist ein Träger von Lebensenergie, ohne die unser Körper nicht am Leben bleiben kann.

Sieh die Bedeutung des Wassers für den Planeten und unseren Körper. – Wasser – jeder Tropfen Wasser ist kostbar und heilig und seine Verschwendung ist… ?

Beende du die Frage, den Satz. (Am Schluss fragen, wie der Satz beendet wurde. Meine Antwort: Frevel.)

So geheiligt das Wasser auch ist, es ist zweischneidig wie das Heilige Gesetz: Wasser gibt Leben. Mit Wasser können wir unseren Durst löschen – im Wasser können wir den Tod finden und ertrinken. – Mit dem Heiligen Gesetz können wir uns selbst zerstören und mit dem Heiligen Gesetz können wir Gott erkennen, ja sogar EINS werden mit Gott![33] – Was das Heilige Gesetz bewirkt, hängt davon ab, welches Gesetz wir durch unsere eigene Entscheidung abrufen.

Wir betreten jetzt den ewigen und unendlichen Garten des Wunders, unser Geist in Einheit mit dem Himmelsvater, unser Körper in Einheit mit der Erdenmutter.

Himmlische Kraft des Wassers, gehe ein in mein Blut und gib das Wasser des Lebens meinem ganzen Körper.

Du stehst dem Baum des Lebens gegenüber – seine Schönheit erkennend. – Diese Schönheit liegt nicht in seiner Form, sondern in seiner Herrlichkeit. – Denn er verbindet die himmlischen Kräfte des Tages und der Nacht miteinander. Sie werden zum Strom des Lichts, des Tons, des Lebens[34] – und gleichzeitig lässt er uns erkennen, was die einzelnen Quellen sind, die den Strom werden lassen, Quellen aus dem himmlischen Meer, der Ausdruck unseres Himmelvaters (des Logos) und unserer Erdenmutter (des Heiligen Geistes).

Öffne deine Ohren – höre mit deinen inneren Ohren – vielleicht hören sie nur die Stille im ewigen Garten – vielleicht hören sie mehr!

Langsam nähere dich dem Engel des Wassers.

Öffne dich für ihn: Himmlische Kraft des Wassers, tritt ein in mein Blut und gib das Wasser des Lebens meinem ganzen Körper. Ich weiß, deine Kraft trägt dazu bei, meine Persönlichkeit zu reinigen. Sie bewirkt Heilung auf allen Ebenen. Sie ergießt sich über und in alle sieben Reiche![35]

Segne uns mit Gesundheit und Lebenskraft, segne uns mit dem Wasser des Lebens, das uns zu den ewigen Wassern zurückführt – zum himmlischen Meer.

Jesus der Christus sagte: *Ihr werdet spüren, wie die Kraft des Engels des Wassers in euer Blut eindringt, und wie die vorbeieilenden Wellen des Wassers und wie die Bäche eines Stromes wird die Kraft der Erdenmutter durch euer Blut und den ganzen Körper strömen. Und es wird zum Heilen sein, denn die Kraft des Engels des Wassers ist mächtig. Wenn du zu ihm sprichst, wird er seine Kraft nach deinem Befehl leiten, denn wenn die Engel Gottes in dem Sohn des Menschen verweilen, dann ist alles möglich.*[36]

Lass meine Liebe zu Dir fließen, Himmlischer Vater, so wie der Fluss zum Meer fließt, und lass Deine Liebe zu mir fließen, Himmlischer Vater – so wie der sanfte Regen die Erde küsst.[37]

So tritt ein, himmlische Kraft des Wassers, gehe ein in mein Blut und gib das lebendige Wasser des Lebens meinem ganzen Körper – meiner ganzen Existenz.

Wir versuchen, so gut es möglich ist, die Kraft des lebendigen Wassers in alle Teile unseres Körpers zu bringen – wissend, dass wir es vermögen – wissend, wir führen reine Lebensenergie!

Spüre sie!

Danke mit deinen eigenen Worten oder ohne Worte, mit deinen Empfindungen.

Komm zurück! Nimm deinen Atem wahr, spüre deinen Körper.

Bitte/Wunsch

Mögen uns der Engel der Liebe und der Engel des Wassers durch den heutigen Tag – für uns erfahrbar – begleiten!

Donnerstagmittag – Friede mit dem Geist

Ich betrete den ewigen und unendlichen Garten in Ehrfurcht vor dem Himmelsvater, in Ehrfurcht vor der Erdenmutter, in Ehrfurcht vor der heiligen, reinen und rettenden Lehre und dem Einen Gesetz.

Unser Vater, der Du im Himmel weilst, schicke Deinen Engel des Friedens zu allen Söhnen und Töchtern der Menschen und schicke unseren Gedanken den Engel der Kraft, auf dass wir die Fesseln des Todes sprengen.

- Will ich mich immer wieder darin einüben, das Entstehen meiner Gedanken im Gewahrsein zu haben?
- Will ich mich immer wieder darin einüben zu prüfen, ob meine Gedanken in Harmonie mit Weisheit, Frieden und Liebe sind?

Ich hebe in mein Bewusstsein, was ich schon weiß:

Jesus der Christus hat gesagt: *Wenn seine Kraft von der heiligen Weisheit geleitet wird, dann führen die Gedanken des Menschensohns zum Himmlischen Reich, und damit ist das Paradies auf Erden errichtet; dann erheben eure Gedanken die Seelen der Menschen, so wie das kalte Wasser eines Flusses euren Körper in der Sommerhitze belebt.*[38]

Ebenso hat er auch gesagt: *Je länger er (der Menschensohn) mit den Engeln wandelt, um so kraftvoller werden seine Gedanken, erfüllt mit heiliger Weisheit. Und wahrlich, ich sage euch, der Tag wird kommen, an dem* seine Gedanken sogar das Reich des Todes überwinden und sich emporschwingen werden zum immerwährenden Leben in den himmlischen Gefilden; denn mit ihren von der heiligen Weisheit geleiteten Gedanken bauen die Söhne der Menschen eine Brücke des Lichts, auf der sie Gott schauen.[39]

Erkenne diesen Frieden mit deinem Geist, ersehne diesen Frieden mit deinem Herzen, erfülle diesen Frieden mit deinem Körper.

Donnerstagabend – Engel der Weisheit

*Engel der Weisheit, gehe ein in meinen Gedankenkörper[G]
und erleuchte meine Gedanken.*
Nach sieben Jahren:
*Engel der Weisheit, steige zu mir herab und erfülle all
meine Gedanken mit Weisheit.*

Wird das eines Tages möglich sein? – Ja!

Und wenn das eingetreten ist, dass alle unsere Gedanken und Taten von Weisheit erfüllt und durchdrungen sind, haben wir auch die Liebe und den Frieden gefunden!

Dann senden wir höhere Gedankenströme aus, die nicht mehr an die Erdatmosphäre gebunden sind, und wir kommen auch mit solchen Gedankenströmen in Resonanz.

Wenn seine Kraft von der heiligen Weisheit geleitet wird, so lehren die Essener, *dann führen die Gedanken des Menschensohnes zum Himmlischen Reich, und damit ist das Paradies auf Erden errichtet; dann erheben eure Gedanken die Seelen der Menschen, so wie das kalte Wasser eines Flusses euren Körper in der Sommerhitze belebt.*[40]

Wir wissen: Jeder nicht mehr erdgebundene Gedanke wird sich erheben und eingehen in die kosmische Gedankenatmosphäre. – Und jeder erdgebundene Gedanke verstärkt das, was bereits in der planetarischen Erdatmosphäre schwingt und die Menschen dieser Welt beeinflusst – ganz gleich, ob auf positive oder negative Weise.

Deshalb sollen wir achtsam sein und wissen, was wir mit unseren Gedanken verstärken: das Positive, Heilende, Harmonisierende oder das Disharmonisierende. – Das, was uns bindet oder was uns befreit.

Das zu erkennen ist nur möglich, wenn wir die Gabe der Beobachtung benutzen und zum Ausdruck bringen – wenn wir unsere Gedanken, unsere Empfindungen, unser Tun und Handeln innerhalb unseres Gewahrseins haben, um uns allem, was in uns ist, was wir ausdrücken, bewusst zu werden, bewusst zu sein.

Das Wichtigste, das wir zu beobachten haben, sind unsere Gedanken. – Es sind unsere Gedanken, die zu Taten werden! – Wir können es ganz klar sehen: Alles Heil und Unheil wird im Denken, dem unsere Empfindungen vorausgehen, geboren.

Schauen wir mit den Augen des Geistes, der jeden von uns erleuchtet, erfassen wir die Macht des Denkens. – Sehen wir, welche Macht in unsere Hände gelegt wurde und welch große Aufgabe es ist, das Denken in der rechten Weise zu benutzen. Was wäre in der rechten Weise? – Vernunft zu entwickeln, Weisheit. Aus Erfahrungen Erkenntnisse zu ziehen, auch Selbsterkenntnisse, die zu Verstehen und Wissen führen. Wissen liegt der Weisheit zugrunde.

Es ist die Weisheit, die uns in Leichtigkeit das Gesetz leben lässt. – Prüfe, ob es stimmt!

Betreten wir den ewigen und unendlichen Garten in Einheit mit dem Himmelsvater, das heißt: selbstbewusst, ahnend, wer wir sind, was uns gegeben ist, was unsere Aufgabe innerhalb des göttlichen Plans ist, in Einheit mit der Erdenmutter, das heißt: unser wahres Selbst wahrnehmend, fühlend, spürend, gewahrend, wo wir uns befinden, was wir empfinden.

Wir betreten den ewigen und unendlichen Garten des Wunders voller Ehrfurcht, unser Geist in Einheit mit dem Himmelsvater, unser Körper in Einheit mit der Erdenmutter...

Wir möchten Dir näherkommen, Himmlischer Vater, wir möchten lernen, Dich durch uns selbst und in uns selbst auszudrücken, durch die Verwirklichung Deiner Eigenschaften. – Wir möchten mit der Hilfe des Engels der Weisheit unser Denken, unsere Worte, unsere Taten in Harmonie mit Deinen Gesetzen bringen, um unsere Persönlichkeit zu reinigen, um mithelfen zu können an der Errichtung Deines Friedenreiches hier auf Erden. – Denn: *Dem Herrn zu folgen, ist der Anfang der Weisheit,* so steht es geschrieben.[41]

Was ist Weisheit? – In der rechten Weise gelebtes Wissen, begleitet von Liebe und Frieden. –Weisheit bringt Licht in die Dunkelheit des Nichtwissens.

Sie ist lebendiges, klärendes Wasser in der Wüste der Unwissenheit und Verwirrtheit.

Sie bringt wertvolle Früchte hervor und Ströme des Friedens.

Die in Weisheit gedachten Gedanken lassen uns unsere kosmische Aufgabe erfüllen: Sie sind rein, ohne Ich-Bezogenheit (ich mit Kleinbuchstaben – frei von Bindungen an das Irdische). – Sie steigen auf und bereichern das kosmische Gedankenmeer.

Möge uns geschenkt werden, folgende Worte Jesu in unserem tiefsten Inneren verstehen zu können:

Wisset, o Söhne des Lichts, dass unsere Gedanken so stark sind wie ein Blitzstrahl, der durch den Sturm hervorbricht und einen mächtigen Baum zersplittert. Darum musstet ihr sieben Jahre warten, um zu lernen, wie man mit den Engeln spricht, da ihr nichts wisst über die Macht eurer Gedanken. Darum benutzt die Weisheit in allem, was ihr denkt, sprecht und tut. Denn wahrlich, ich sage euch: Was ohne Weisheit getan wird, ist wie ein Pferd ohne Reiter, mit schäumendem Mund und wilden Augen, das verrückt in einen gähnenden Abgrund rennt. Wenn aber der Engel der Weisheit eure Taten bestimmt, dann ist der Pfad zu den unbekannten Bereichen offen, und Ordnung und Harmonie bestimmen euer Leben.[42]

Öffnen wir uns ganz dem Engel der Weisheit.

Spüren wir nach, was seine Kraft in uns auslöst.

Danken wir ein jeder auf seine Art und Weise dem Engel der Weisheit.

Freitagmorgen – Engel der Luft

Engel der Luft, gehe ein in meine Lungen und gib die Luft des Lebens meinem ganzen Körper.
Nach sieben Jahren:
Engel der Luft, tritt mit meinem Atem ein und gib meinem Körper die Luft des Lebens.

Wir atmen ruhig ein und aus.
 Wir spüren den Atem, wie er kommt und geht.
 Erinnern wir uns, was Jesus der Christus zu seinen Schülern sagte: *Jeder Atemzug, den ihr zu euch nehmt und der das Leben eures materiellen Körpers erhält, ist ein väterlicher Kuss von mir für euch!*[43]
 Jeder Atemzug ist neu. – Jeder Atemzug gibt uns neues Leben. – Nur eine kurze Zeit können wir schadlos ohne Atem sein – nur etwa drei Minuten! Nur eine kurze Zeit können wir ohne diese Kraft, ohne IHN und seinen Ausdruck als Liebe im Atem existieren!
 Nehmen wir bewusst dieses Geschenk, diese Lebensenergie in uns auf.
 Wo Leben ist, ist Atem. – Wo kein Atem ist, ist kein Leben.
 Sieh mit den Augen des Erkennens, mit den Augen des Begreifens: Mit jedem Atemzug verbinden wir uns mit dem Kosmos. Alles, was lebt auf unserer Erde, atmet dieselbe Luft aus derselben Atmosphäre, die alles umgibt.
 Nicht gedankenlos wollen wir nehmen vom Geschenk des Überflusses, sondern bewusst – in dankbarer Freude,

in wortlosem Gebet, das sich aus unserem Wissen heraus erhebt.

Spüre, erfahre, beobachte, wie der Atem kommt und geht.
Es ist ein Kommen und Gehen,
ein Annehmen und Loslassen,
ein Nehmen und Geben.

Wir nehmen, was wir brauchen. Wir geben zurück, was wir nicht brauchen.

Halten wir das, was wir nicht brauchen, fest, so verhindern wir das Einströmen der uns am Leben erhaltenden Lebenskraft und das Ausströmen von dem, was zwar von uns Menschen nicht gebraucht, aber von den Pflanzen benötigt wird.

Sieh den wunderbaren Kreislauf!

Leben ist der Bund zwischen Gott und den Menschen – der Baum des Lebens offenbart uns, was Leben beinhaltet, was Leben bewirkt.

Die alten Schriften sagen uns: *Im Augenblick zwischen Einatmen und Ausatmen liegen alle Mysterien des Unendlichen Gartens verborgen!*[44] Es steht auch geschrieben: *Und der Engel der Luft kniete über der Erde hin und gab den Menschen den Hauch der Weisheit!*

So treten wir ein in den ewigen und unendlichen Garten des Wunders, in Ehrfurcht vor dem Himmelsvater, in Ehrfurcht vor der Erdenmutter.

Wir treten ein, wissend, was uns als Mensch gegeben ist – selbstbewusst, selbstgewahr, um die uns umgebenden Geheimnisse besser zu verstehen, um Dich, Himmlischer Vater, Gott, zu lobpreisen und zu lieben im Erkennen Deiner Herrlichkeit!

Ja, es ist uns erlaubt, diesen Garten willentlich und bewusst zu betreten – und so tauchen wir ein, um das Wunderbare besser zu verstehen.

Wir betreten den ewigen Garten, unser Geist in Einheit (im Moment!!) mit dem Himmelsvater, unser Körper in Einheit (im Moment!!) mit der Erdenmutter.

Inmitten des ewigen Gartens stehend, bitten wir dich, im Atem verborgener Himmelsbote! Tritt ein in unsere Lungen und gib unserem Körper die Kraft des Lebens. Durchdringe auch unser Denken und unser gesprochenes Wort.

Jedes Mal, wenn wir die dem Atem innewohnende Lebenskraft bewusst mit dem Atem in unseren Körper einströmen lassen, rufen wir den Engel der Luft an und – so steht es geschrieben: *Aber wenn die Kraft des Lebens in eure Worte und in euren Atem eintritt, dann ruft ihr jedes Mal den Engel der Luft an, und so ruft ihr auch die unbekannten Engel des Himmelsvaters an, und ihr werdet dem Himmlischen Reich näher und näher kommen.*[45]

Wir atmen tief und ruhig. – Der Atem ist eine Hilfe, uns zu öffnen. Er lehrt uns Kommen und Gehen, Nehmen und Geben, Annehmen und Loslassen – Leben und Sterben. – (Er lehrt uns Bindungslosigkeit.)

So, wie unser Geist das heilige Gesetz ein- und ausatmet, so atmet unser Körper die Luft, die unseren Erdball umhüllt, ein und aus.

Es steht geschrieben: *Der Rhythmus deines Atems ist der Schlüssel zum Wissen, welches das Heilige Gesetz offenbart.*[46]

Leben und Tod, Hineinfließen in die Materie, wandeln, abgeben, beleben – wie die Menschenseele, die in die Welt der Materie eintritt.

Himmlische Kraft im Atem, tritt ein in unsere Lungen und gib unserem Körper die Kraft des Lebens!

Baum des Lebens, inmitten des Gartens des Ewigen! Unveränderlich in deiner Schönheit und Herrlichkeit! Wir dürfen unsere Hände ausstrecken, um deine Früchte zu kosten – das heißt, bewusst die Vibration deiner Himmelsboten wahrnehmen. Die in dir vereinten Boten des Himmelsvaters und der Erdenmutter kommen uns entgegen, um das Göttliche in uns zu berühren, zum Klingen zu bringen, wenn wir bereit sind, uns berühren zu lassen – wenn wir ihnen entgegengehen. Wozu? – Damit das Göttliche in uns erweckt wird, sich in uns einstimmen kann, um sich zu erheben, um sich durch uns auszudrücken – zu Ehren des Allerhöchsten, zu unserer Heilung und der Heilung der Welt.

Wir wissen, Euch entgegenzugehen, Ihr Himmelsboten, ist einfach. Aber dass wir selbst zu Himmelsboten werden, ist schwer! Gebt uns Eure Hilfe, wir bitten Euch darum.

Und Daskalos sagt: *Nicht wir stimmen uns auf das Göttliche ein, sondern das Göttliche auf uns.*

Im unendlichen Garten des Ewigen sind die unbegrenzten Möglichkeiten der individuellen Wege jedes einzelnen Menschen verborgen in den nichtgeoffenbarten Gesetzen. Jeder der Wege ist einzigartig und richtig, ja vollkommen, der Reife und Individualität des Menschen entsprechend, auch wenn er gezeichnet ist von Blindheit und Schmerz. Mit eurer Hilfe, ihr heiligen Boten und Kräfte, können wir in Bewusstheit das Schmerzvolle lindern und vielleicht irgendwann auflösen.

So, wie wir vom Feinen ins Grobe tauchten, so werden wir wieder aufsteigen vom Groben ins Feine – so, wie der Baum, der mit jedem Blatt aufnimmt, um seine Wurzeln in das dunkle Erdreich zu senken und von den Wurzeln aus wieder ins Licht strebt (aus Unwissenheit in Bewusstheit, bis zur Selbstbewusstheit). Denn Grobes kann nicht mitgenommen werden ins Königtum der Himmel.

Es steht geschrieben: *Im Augenblick zwischen Einatmen und Ausatmen liegen alle Mysterien des Unendlichen Gartens verborgen.*[47]

Versuchen wir vorsichtig, das Mysterium des Atems zu erahnen, den Augenblick zwischen Einatmen und Ausatmen festzuhalten – in Achtsamkeit beobachtend, welche Mitteilung wir bekommen. – Nicht den Atem festhalten, sondern diesen Augenblick in unserem Gewahrsein festhaltend – auch wenn der Wechsel von Ein- zum Ausatmen gerade nicht stattfindet!

Kommen wir langsam, langsam zurück und spüren wir unseren Körper.

Wir danken für diese lebengebende, Leben erhaltende Kraft! Für diesen Himmelsboten, den Engel der Luft – ein Bote der Erdenmutter, belebt vom Himmelsvater.

Wir bitten um Hilfe, damit wir erlernen, die Kraft dieses Himmelsboten bewusst in uns wirken zu lassen. Auch dafür, damit wir ihn bewusst benützen, wissend, dass uns durch ihn das Tor zum Königtum geöffnet wird.

Bitte/Wunsch

Mögen uns der Engel der Weisheit und der Engel der Luft nahe sein, damit wir sie erfahren und bewusst wahrnehmen können!

Freitagmittag – Friede mit dem Körper

Ich betrete den ewigen und unendlichen Garten in Ehrfurcht vor dem Himmelsvater, in Ehrfurcht vor der Erdenmutter, in Ehrfurcht vor der heiligen, reinen und rettenden Lehre und dem Einen Gesetz.

Unser Vater, der Du im Himmels weilst, schicke allen Söhnen und Töchtern der Menschen den Engel des Friedens; auch schicke unserem Körper den Engel des Lichts, auf dass er darin ewig verweile.

Indem ich Frieden in meinem Körper und durch ihn wahrnehme, baue ich einen heiligen Tempel, in dem der Geist Gottes für immer wohnt.[48]

- Ich nehme beim Essen bewusst wahr, was ich esse. Zum Beispiel mache ich mir bewusst: Wie viele Stunden, wie viele Tage, Wochen ist diese Frucht, die ich eben esse, von der Sonne beschienen, vom Wasser getränkt, von der Luft umarmt, von der Erde genährt worden? So wird das Essen zu einem stillen, heiligen Fest.[49]
- Ich lasse mich von dem Engel der Luft umarmen, äußerlich und innerlich ganz erfüllen. Ich gebe mich ihm hin und nehme gleichzeitig wahr, welche Empfindungen er in mir auslöst, was als »sein Besonderes« zu mir herüberkommt, schließlich, welche Reaktionen er in mir auslöst.
- Ebenso lasse ich mich von dem Engel des Wassers umarmen.

- Ebenso lasse ich mich vom Engel der Sonne umarmen.
- Ich hebe in mein Bewusstsein, was ich bereits weiß: Mein Körper ist ein Spiegel meines momentanen Zustands. Leidet er, so versuche ich zu erkennen: Von was kann ich lassen, um noch mehr in Harmonie (Frieden) mit den himmlischen Kräften zu leben? (Vielleicht sind es ganz alte, tiefsitzende Muster, durch die ich in diesem oder in früheren Leben geprägt wurde. Achtsam den Frieden in meinem Körper zu suchen und ihm Ausdruck zu geben, hilft mir, auch auf anderen Ebenen in Harmonie und Frieden leben zu können.)
- Habe ich Freude bei meiner Arbeit?
- Kann ich meinen Körper liebevoll annehmen, so wie er momentan ist? Voller Dankbarkeit, voller Achtung? Kann ich ihn als meinen Lehrmeister sehen in allem, was ich durch ihn an Wunderbarem, aber auch vielleicht an sehr Schwerem erlebe?

Erkenne diesen Frieden mit deinem Geist, ersehne diesen Frieden mit deinem Herzen, erfülle diesen Frieden mit deinem Körper.

Freitagabend –
Der Himmelsvater und ich sind eins

Du, Himmelsvater, durch Deine Boten durften wir Aspekte
deiner Herrlichkeit erahnen und mehr über unseren
Himmlischen Vater erfahren – über Gott.

Auch durften wir unser Wissen darüber erweitern, was
wir als Söhne und Töchter des Allerhöchsten sind,
was Gott entströmt und was in uns lebt.

Dieses Wissen wird uns helfen, die uns anvertrauten
göttlichen Gaben bewusster einzusetzen, sie mit mehr
Wissen und Ehrfurcht zu gebrauchen, um das, was wir
selbst durch uns und in uns geboren haben, nämlich
unsere derzeitige Persönlichkeit, zu erlösen.

Wir wissen, Du bist in uns – wie sonst könnten wir mit
Dir in Resonanz kommen – denn Du und wir sind EINS.
All deine himmlischen Boten leben auch in *uns! Ich und
der Vater sind EINS.*[50] Da hast Du als Jesus, als Mensch
gesprochen, denn Du hast uns gelehrt »unser Vater, der
Du bist...« zu beten.

Es waren auch Deine Worte: *Der Vater ist größer denn
ich* [51] – da hast Du als Gott, als Christus gesprochen.
Du bist der Weg, die Wahrheit und das Leben! Was *ist*
Leben? – Du bist das Leben – in allem, was existiert –
mehr wissen wir nicht darüber, was Leben *ist.* Doch
Eigenschaften des Lebens selbst dürfen wir erkennen:

Die Kraft, die schöpferisches Schaffen bewirkt.

Die Kraft, die alles in Bewegung bringt. (Ich weiß, ich will, ich weiß wie, ich tu.)

Die Kraft, die Entscheidung, Wissen, Wille, Selbstbewusstheit in absoluter Freiheit und ohne Zweifel zum Ausdruck bringt.

Die Kraft, die uns zum bewussten Mitschöpfer hier auf Erden werden lassen kann – als Menschensöhne.

Der Ausdruck des Lebens selbst bringt die göttlichen Quellen der Freude, der Liebe, der Weisheit und des Friedens hervor – die heiligen Früchte vom Baum des Lebens, der im Garten des Ewigen in uns ist – in unserem Geist-Seelen-Ego-Selbst [G].

Wir können ihn betreten, wann immer wir es wünschen, wann immer wir frei von unserem Egoismus und allen Verhaftungen an die materiellen Welten sind. – Das Tor zu diesem Garten ist nie verschlossen – außer wir verschließen es selbst.

Jetzt können wir eintreten in den ewigen und unendlichen Garten. – Tun wir es in Ehrfurcht. – Ich betrete den ewigen und unendlichen Garten des Wunders, das Königtum der Himmel in mir. Mein Geist in Einheit mit dem Himmelsvater, mein Körper in Einheit mit der Erdenmutter.

Wir stehen vor dem Baum des Lebens, die Boten des Himmelsvaters, die Boten der Erdenmutter mit den Augen des Geistes erkennend – sie sind Ausdruck der Liebe, der Allmacht und Allwissenheit unseres Himmlischen Vaters – wahrnehmend, was dieses Sehen, dieses Erkennen in uns berührt und zum Schwingen bringt.

Berühre oder umarme den Baum des Lebens, der auch in uns ist!

Wolle nichts – doch wisse: In diesem Baum zeigt sich der Ausdruck des Lebens, der Ausdruck Gottes mit seinen sichtbaren Kräften – und seiner unsichtbaren Macht – zeigen sich Himmelsvater und Erdenmutter.

Diese sind erkennbar – aber nicht trennbar.

Erkenne die Energien des Geistes: Es ist der Heilige Logos in uns, gespeist von seiner Allgegenwart, der das Menschliche in Göttliches, das Vergängliche in Unvergängliches, Ewiges wandelt und die Fesseln des Todes durchtrennt – die Verhaftung an die Materie.

Es ist die Kraft des Heiligen Logos in uns, die uns bewusst *sein* lässt und sich in unserem Selbstbewusstheit (auf allen Ebenen) ausdrückt.

Wir und der Himmelsvater sind EINS!

Wenn du möchtest, bitte um die Kraft, deine selbsterwählte Aufgabe erfüllen zu können – vielleicht sogar in der Bereitschaft, dein Denken, Fühlen und Handeln in Bewusstheit und Ernsthaftigkeit – so gut du es vermagst – dem Weg zurück nach Hause zu widmen, selbst wenn dir dieser Weg Verzicht abverlangt.

Nicht blind wollen wir streben, sondern wissend!

Wenn du dazu stehen kannst, bitte weiter:

Helft uns, ihr Himmelsboten, dem Beispiel Jesu zu folgen, dem vollendeten Menschen, der Gott in Materie gekleidet, als »Menschensohn« offenbarte, damit wir im Himmel weilen können, während wir auf Erden wandeln und verwandeln – nämlich das Menschliche in Göttliches.

Seid mit uns, damit wir die Wahrheit erkennen und wissend, allmählich selbstbewusst, nach den Heiligen Gesetzen leben können – um der Wahrheit in Weisheit Ausdruck zu verleihen.

Damit ihr, ihr Himmelsboten, in uns zur Wirklichkeit werdet, gleich inneren Gesetzen!

Erst dann können sich die hoffnungsvollen Worte von Jesus, dem Christus, erfüllen: *Werdet vollkommen, wie euer himmlischer Vater es ist.*[52]

Doch vorher haben wir zu lernen, die Gebote, die er uns gegeben hat, zu erfüllen: *Ihr sollt den Herrn, euren Gott, lieben, aus ganzem Herzen, aus ganzer Seele und mit all euren Taten!*

Und: *Liebe deinen Nächsten wie dich selbst.*[53] (Liebe den Gott in deinem Nächsten wie den Gott in dir, das Selbst in deinem Nächsten wie das Selbst in dir.)[54]

Mit eurer Hilfe, ihr Boten des Himmelsvaters und der Erdenmutter, können wir den Weg beschreiten.

Ganz besonders brauchen wir dich, Engel der Kraft, damit wir auf dem Weg bleiben! – Damit wir unsere einstmals selbstgewählte Aufgabe hier auf Erden lösen können – in Erfüllung des göttlichen Plans – um eines Tages selbstbewusst als wahre Himmelsboten die Himmelsleiter auf- und absteigen zu können – auf Erden unser wahres Selbst, das Göttliche in uns offenbarend, noch während unser Geist-Seelen-Ego-Selbst[G] in Materie gekleidet ist.

Was ist der erste Schritt zu dieser Erfüllung hin? – In der rechten Weise beobachten lernen – selbstbewusst, selbstgewahr! – (Erst dann können wir allezeit, allerorten und unter allen Umständen unsere Versprechen, die wir vielleicht uns selbst gegeben haben, einhalten!) [55]

Erst dann können wir allezeit, allerorten und unter allen Umständen – egal, ob wir denken, sprechen oder handeln – innerhalb und während unseres Gewahrseins Wissen erhalten.

Hören wir die Worte Jesu: *Schließt eure Augen, Söhne des Lichts, und schlafend betretet ihr die unbekannten Reiche des Himmelsvaters. Und ihr werdet im Licht der Sterne baden, und der Himmlische Vater wird euch in Seiner Hand halten und wird einen Quell des Wissens in euch aufsteigen lassen; einen Brunnen der Kraft, der lebendiges Wasser ausschüttet, eine Flut der Liebe und allumfassende Weisheit, wie die Herrlichkeit des ewigen Lichts. Und eines Tages werden sich die Augen eures Geistes öffnen, und ihr werdet all dies wissen!* [56]

Himmelsvater, wir strecken Dir unsere Hände entgegen!

Wir umarmen den Baum des Lebens!

Denn wir und der Himmelsvater sind EINS!

Umarme den Baum des Lebens – öffne dich seinem Strom – erfahre: Du und der Himmelsvater sind EINS.

Spüre deinen Körper, deinen Atem.

Danke mit deiner Empfindung.

Die Innenschau

von *Elisabeth Gorter in Anlehnung an Dr. Stylianos Atteshlis* [57]

Um freier zu werden, um zufriedener zu sein, müssen wir unsere Wünsche, Gewohnheiten, Gedanken und Gefühle besser kennenlernen.

Wie?
- Durch ehrliche Selbstanalyse, durch ernsthafte Innenschau.

Was kann ich durch Innenschau erreichen?

Ich kann erreichen,
- meines Glückes Schmied zu werden;
- die Wahrheit über meine derzeitige Persönlichkeit zu erfahren;
- sie zu reinigen und von Angst, Schmerz, Aggression und so weiter allmählich zu befreien;
- Raum für bessere Gefühle zu schaffen.

Ich kann
- lernen, mich von dem, was als Gefühl, Wunsch und Gedanke in mir lebt, zu distanzieren;
- herausfinden, wer ich *bin* und was ich *habe;*
- Verstehen, Annehmen und – vielleicht – Geduld lernen;
- lernen, die Meisterschaft über meinen Körper zu erlangen;

- lernen, mehr Selbstbewusstheit, mehr Selbst-Bewusst-
sein (bewusstes Sein) und Selbstsicherheit zu entwickeln;
- meine Fähigkeit des Visualisierens weiterentwickeln;
- lernen, freier und wahrhafter zu werden.

Was habe ich zu beachten?

- Ich sollte nichts verurteilen, denn alles ist menschlich.
- Ich sollte mich nicht mit dem letzten, offensichtlichen
Ausdruck zufriedengeben, sondern hinter diesen zu
blicken: von nichts kommt nichts.
- Sieh, was *wirk*-lich ist, nichts beschönigen. *Was ist,
ist die Wahrheit.*

Was kann mir eine Hilfe sein?

- Bevor ich beginne, um Hilfe zu bitten, damit ich nicht
das Opfer meines Egoismus werde,
- in mein Bewusstsein bringen, dass ich die mir zu jeder
Zeit zur Verfügung stehenden Gaben, nämlich Beobachtung, Verstehen, Vernunft, Weisheit, Willenskraft
und Kreativität benützen werde.
- Die Innenschau in der Haltung der Dankbarkeit, des
Wissens, der Freude, der Achtung und der Liebe zu tun.

Wie kann ich die Innenschau durchführen?

(Ein Vorschlag)
Nimm die Fragen, die uns Daskalos gegeben hat:
- Was habe ich gefühlt, was ich nicht hätte fühlen sollen?
- Was habe ich nicht gefühlt, was ich hätte fühlen sollen?
- Was habe ich gedacht, was ich nicht hätte denken sollen?

- Was habe ich nicht gedacht, was ich hätte denken sollen?
- Was habe ich gesagt, was ich nicht hätte sagen sollen?
- Was habe ich nicht gesagt, was ich hätte sagen sollen?
- Was habe ich getan, was ich nicht hätte tun sollen?
- Was habe ich nicht getan, was ich hätte tun sollen?

Wie kann ich meine Innenschau vertiefen – mit welchen Fragen?

- Welche Gewohnheiten, Wünsche, Gedanken, Gefühle wiederholen sich?
- Welches Motiv steckt dahinter?
- Stimmt dieses Motiv wirklich?
- Habe ich diesen Gedanken, diesen Wunsch, dieses Gefühl, diese Gewohnheit – oder hat dieses Elemental in Form eines Gedankens, Wunsches, eines Gefühls, einer Gewohnheit mich?
- Was bringt mir dieses Elemental, welchen Vorteil – welchen Nachteil?

  (*Sei wach!* Auch im vermeintlichen Nachteil liegt oft ein unbewusster Vorteil.)
- Was erreiche ich damit?
- Was unterlasse ich damit?
- Wovor bewahrt es mich?
- Was löse ich mit diesem Elemental bei meinen Mitmenschen aus?
- Was löse ich mit diesem Elemental in mir aus?
- Welchen Preis bezahle ich?
- Bin ich bereit, diesen Preis auch weiterhin zu bezahlen?

Jetzt erst ist eine bewusste Entscheidung möglich!
Will ich das Elemental aufgeben oder nicht? – Ich habe zu
prüfen, habe ehrlich zu sein!

Nichts kann mich hindern, es beizubehalten, wenn ich es
möchte, wenn ich es noch brauche und mich nicht lösen
kann. Doch ich habe zu akzeptieren, dass ich da stehe,
wo ich stehe.

Wenn ich es nicht beibehalten möchte:
Was setze ich an die Stelle dieses Elementales?
- Ich kann das alte Elemental in jeder Einzelheit vor mir
  sehen, wie in einem Fernsehapparat. Ich bleibe neu-
  trale Zuschauerin oder Zuschauer, lasse alles »life«
  ablaufen, sehe Aktion und Reaktion, höre Ton und
  Lautstärke und *erkenne.*

Nach diesem Prozess mache ich mir bewusst, was ich
ersatzweise tun möchte, vorausgesetzt, *ich möchte
etwas ändern.*
- Ich lasse es wieder vor meinen inneren Augen erschei-
  nen, wieder in allen Einzelheiten, sehe wieder Aktion
  und Reaktion, dieses Mal mit dem »Wunschpro-
  gramm«. Ich schaue mir verschiedene Möglichkeiten
  an und entscheide mich für die, die mir am besten
  gefällt.

Wenn ich weiß, was ich will, und bereit bin zu tun, was
ich möchte, bitte ich um Hilfe für die Ausführung.

Misslingt es mir, schalte ich ein neues Wunschpro-
gramm ein!

Nachwort

Liebe Leserin, lieber Leser!

Als Kinder von Elisabeth möchten wir – Juliane Gorter und Freimuth Gorter – zu dem vorliegendem Buch ein paar Worte ergänzen.

Elisabeth hatte immer den innigen Wunsch, dass ihre wertvollen Entdeckungen aus dem Wissensschatz der Essener möglichst vielen Menschen zugänglich werden. Es ist uns eine große Freude, dass dieser Wunsch unserer Mutter mit diesem Buch in Erfüllung gehen konnte.

Dies verdanken wir im wesentlichen unserem langjährigen engen Freund, Michael Schweitzer, der viele Jahre lang intensiven spirituellen Austausch mit unserer Mutter Elisabeth pflegte und der an vielen ihrer Seminare teilgenommen hat und Wertvolles von ihr lernen konnte.

Nach dem Eintritt der schweren Erkrankung und dem Tod unserer Mutter ruhten ihre Schätze einige Jahre. Michael trat eines Tages mit dem wundervollen Gedanken an uns heran, aus dem noch vorhandenen schriftlichen Material unserer Mutter ein Büchlein zu verfassen, damit ihr großer Wunsch doch noch Erfüllung finden könnte.

Wir durchstöberten alles, was an Schriftaufzeichnungen unserer Mutter vorhanden war, und fanden dabei die meist handschriftlichen Aufzeichnungen aus ihren Seminaren, viele Zettelchen, auf denen sie wertvolle Gedanken und Eingebungen notierte, Randnotizen, die sie in Bücherränder geschrieben hat, sowie Briefe an Freunde, mit denen sie sich über die Essener-Thematik austauschte, und wir gaben all dieses Material unserem Freund Michael.

Viele Monate vergingen in Stillschweigen, bis uns Michael eines Tages mit einer unerwartet umfangreichen und großartig strukturierten Ausarbeitung über die Essener-Meditationen überraschte, dem hier nun vorliegenden Buch.

Wir möchten den Lesern noch ein großes Herzensanliegen unserer Mutter nahelegen: Die hier vorliegenden Meditationen sind nicht nur wertvoll für den persönlichen spirituellen Fortschritt, sondern sie sind auch überaus kraft- und machtvoll. Aus diesem Grunde war es unserer Mutter Elisabeth von größter Wichtigkeit, dass Sie Ihre Motive prüfen, wofür Sie diese Meditationen ausüben möchten. Denn diese Meditationen sollen ausschließlich praktiziert werden, um aufrichtigen Herzens, wahrhaftigen Geistes und in wahrhaft demütiger Achtung vor dem Allerhöchsten und seiner Schöpfung den Frieden und die Liebe auf dieser Welt zu stärken.

Wir danken unserer Mutter für ihre unermüdliche Kraft und Energie, mit der sie zur Ergründung von Wissen und Wahrheit in die Tiefen vieler spiritueller Lehren eingetaucht ist, so dass wir hier nun eine wundervolle Essenz für unsere tägliche spirituelle Praxis in die Hände bekommen haben.

An dieser Stelle danken wir auch von Herzen unserem Freund Michael, dem Herausgeber dieses Buches, für seine liebevolle Hingabe und seine viele, viele Zeit, die er in die Verwirklichung dieses vorliegenden Werkes investierte.

Den Menschen, die nun dieses Buch in Händen halten, wünschen wir, dass in ihrem Leben durch besten Gebrauch der Meditationen Freude, Frieden, Liebe und aller Segen des Allerhöchsten zur Vollkommenheit erblühen mögen.

Juliane Gorter und Freimuth Gorter

Nachwort des Herausgebers

Elisabeth Gorter wurde am 1.3.1941 geboren, sie starb am 8.9.2009. Das diesem Büchlein vorangestellte Vorwort hatte Elisabeth Gorter für ein größeres Buch verfasst. In ihrem Nachlass fanden sich leider nur sehr wenige Texte, die diesem Buch zugeordnet werden konnten.

Grundlage dieser Meditationen sind die Bücher über die Essener von Dr. E. Bordeaux Székely. In vielen Seminaren, »Arbeitstagen« und in ihrem »Kreis« hat Elisabeth Gorter den darin enthaltenen Schatz der Essener auf ihre ganz eigene Art gehoben und mit anderen geteilt. Es war ihr sehnlicher Wunsch mitzuhelfen, dass andere auch das erkennen durften, was sie erkannt hatte.

Für die täglichen Meditationen ist die Fülle der Gedanken und Erkenntnisse wahrscheinlich zu umfangreich. Deshalb haben wir uns entschlossen, eine kürzere Audio-Version zusammen mit diesem Büchlein herauszugeben. Sie will nicht mehr als eine Anregung sein, zu einer persönlichen Praxis zu finden. Um dabei beweglich bleiben zu können, kann es hilfreich sein, mal dem einen, mal einem anderen Aspekt der jeweiligen Meditation mehr nachzuspüren. Deshalb wird der gesamte uns zur Verfügung stehende Text in diesem Büchlein herausgegeben.

Neben den Büchern von Dr. E. Bordeaux Székely hat Elisabeth Gorter höchstes Wissen durch Dr. Stylianos Atteshlis erhalten. In seinen letzten sieben Jahren war sie ihm sehr nahe. Dr. Stylianos Attheslis wird in Deutschland oft nur Daskalos (griechisch: Lehrer) genannt. Er wurde am 12.12.1912 in Zypern geboren, wo er am 26.8.1995 gestorben ist. Er war ein großer Lehrer und Heiler. In seiner großen Weisheit ließ er Elisabeth Gorter bewusst ihre eigenen Entdeckungen selber machen, was die Praxis und Lehre der Essener betrifft. Sie sind eine Ergänzung dessen, was er gelehrt hat, insbesondere in seinen Büchern: *Joshua Immanuel der Christus* und *Das Symbol des Lebens.* [G]

Mögen diese Meditationen uns allen helfen, im Geiste der Essener zum Frieden und der Liebe in unserer Welt beizutragen.

Michael Schweitzer

Glossar

Mit einem hochgestellten G = ^G werden alle Begriffe im Text, die im Glossar erläutert werden, besonders gekennzeichnet.

Baum des Lebens

Der Baum des Lebens (oder auch Lebensbaum) symbolisiert die Stellung des Menschen. Wie ein Baum, dessen Mittelpunkt er ist, verdankt er sein Leben den himmlischen Kräften, d.h. um mit den Essenern zu sprechen, den Engeln des Himmelsvaters und den Engeln der Erdenmutter. Der ewige und unendliche Garten des Wunders, in dessen Mitte der Baum des Lebens steht, ist in uns. Das Königtum der Himmel ist in uns. Die Tür zum Paradies ist nicht verschlossen, wie es uns die Bibel in Gen. 3,24 nahelegt und wie wir Menschen oft fälschlich aufgrund unseres Nichtwissens meinen. Die Essener lehren uns, wie wir durch regelmäßige Kommunion mit den himmlischen Kräften allmählich das Wissen geschenkt bekommen, wer wir wirklich sind: Töchter und Söhne Gottes. Mehr dazu bei Dr. Stylianos Atteshlis: *Das Symbol des Lebens.*

Drei Körper: grobstofflicher, psychischer und noetischer Körper

Nach Dr. Stylianos Atteshlis hat der Mensch drei Körper: den grob-stofflichen (physischen) Körper, den psychischen (den Körper der Gefühle) und den noetischen (den Körper der Gedanken). Sie sind ständig in Wechselwirkung untereinander verbunden.

Geist-Seelen-Ego-Selbst

Dieser Begriff stammt ebenfalls von Dr. Stylianos Atteshlis. Wir Menschen erfahren unsere wahre Natur, indem wir unsere derzeitige Persönlichkeit reflektieren, um sie zu läutern und zu reinigen. Unsere wahre Natur ist in Gott. Gott ist in uns. Das *Geist-Seelen-Ego-Selbst* ist sich seiner wahren Natur bewusst.

Himmelsleiter / Jakobsleiter

Mit der »Himmelsleiter« wird Bezug genommen auf das Symbol, das Jakob in seinem Traum geschenk wurde (1. Mose 28,10–22). Dr. Stylianos Atteshlis sagt dazu: »Wir Menschen kommen auf der Leiter nur bis zur Mitte. Weiter kommen wir nicht und müssen es auch nicht. Denn vom Himmel her kommen uns die Engel entgegen.« Das Symbol der Himmelsleiter entspricht im »Symbol des Lebens« von Dr. Stylianos Attheslis dem Pfad von Zentrum 10 zum Zentrum 7 bzw. umgekehrt vom Zentrum 7 zum Zentrum 10 (vgl. ebenda S. 505–507). Diesem Pfad entsprechen die hier angeleiteten Kommunionen nach der Lehre der Essener. Es ist das große Verdienst von Elisabeth Gorter, dies entdeckt zu haben.

Himmelsvater
Dem Himmelsvater entspricht im *Symbol des Lebens* der *Heilige Logos*, der als Christus Logos (Jesus, Joshua) inkarnierte. Er ist zu unterscheiden von dem *Himmlischen Vater*.

Himmlischer Vater
Dem Himmlischen Vater in der Essener-Tradition entspricht die im Christentum allgemein übliche Bezeichnung Gott. Im Gebet Jesu wird er angerufen als *Vater unser im Himmel.* Dr. Stylianos Atteshlis bezeichnet ihn als die Absolute Unendliche Seinsheit.

Königtum der Himmel
In vielen Gleichnissen hat es Jesus Christus beschrieben. Es ist in uns. Es ist unsere menschliche Aufgabe, uns des Göttlichen in uns bewusst zu werden. Je mehr wir es in unserem Leben bewusst zum Ausdruck bringen, desto mehr werden wir wirkliches, lebendiges Wissen von ihm erlangen.

Logos
siehe Himmelsvater

Mind-Geist
Dieser Begriff stammt von Dr. Stylianos Attheslis. Synonym dazu wird auch der Begriff *Übersubstanz* von ihm verwendet. Die heiligen Erzengel benutzen den *Mind-Geist*, eine Übersubstanz, die formlos ist. Grobstoffliche Materie ist solider Geist. Nichts existiert außerhalb des Geistes.

Persönlichkeit, derzeitige
Wir haben sie erschaffen. Wir benutzen göttliche Vitalität, *Mind-Geist*, und erzeugen

Wünsche, Gefühle, Gedanken-
gebilde. Sie machen unsere derzeitige Persönlichkeit aus, die
dem ständigen Wandel unter-
liegt.

Persönlichkeit, permanente
Ein Teil in uns, der die Erfahrungen der derzeitigen Persönlichkeit sammelt und uns hilft,
zu unserem wahren Selbst, zu
Gott zurück zu kehren.

Symbol des Lebens
Das *Symbol des Lebens* wurde
Dr. Stylianos Atteshlis offenbart und wird in seinem gleich-
namigen Buch ausführlich be-

schrieben. Nach ihm begleiten
die himmlischen Kräfte den
Menschen auf seinem Weg der
Reife, den er zu gehen hat. Sie
stehen dabei einerseits unter
der Obhut des Heiligen Geistes, der nach dem Sprachge-
brauch der Essener der Erdenmutter gleich zu setzen ist und
andererseits unter der Obhut
des Heiligen Logos, der in der
Essener Tradition als Himmelsvater bezeichnet wird. In
Jesus Christus inkarniert der
Logos-Gott und wird Mensch
als der Gott-Mensch Joshua.
Er ist ein direkter und reiner
Strahl des Logos.

Literaturverzeichnis

**Dr. Stylianos Atteshlis
(Daskalos)**
*Esoterische Lehren – Die Bot-
schaft des »Magus von Stro-
volos«*, Knaur 1991, vergriffen
Neuauflage: *Die esoterischen
Lehren, Ein christlicher Weg
zum Verständnis der Wahr-
heit*, Zypern 2015
*Die esoterische Praxis – Christ-
liche Meditationen und Übungen*, Edel Verlag 1996

*Parabeln – Die esoterische
Deutung der Gleichnisse
Jesu*, Knaur, 1992
*Joshua Immanuel der Chri-
stus – Sein Leben auf Erden
und seine Lehre*, The Stoa Series, Panayiota Theotoki-Atteshli, Nicosia, Zypern 2002
Das Symbol des Lebens, ebenda
*Worte der Wahrheit – Auszüge
aus Vorträgen von Dr. Stylianos Atteshlis*, ausgewählt

von Panayiota Theotoki-Atteshli, Zypern 2009/dt. Ausgabe 2010, ebenda

Edith R. Stauffer, Ph.D., *Unconditional Love and Forgiveness*, Triangle Publ., Diamond Springs, California 1987

Dr. E. Bordeaux Székely

Das Friedensevangelium der Essener – Schriften der Essener Buch 1, zitiert als Székely I, Verlag Bruno Martin, Südergellersen, 1988

Die Lehren der Essener – Essener Meditationen, Verlag Bruno Martin, Südergellersen 1988, zitiert als Székely Lehren

Die unbekannten Schriften der Essener – Schriften der Essener Buch 2, Mandala Media, Rheinfelden 1996, zitiert als Székely II

Die verlorenen Schriften der Essener – Schriften der Essener Buch 3, Mandala Media, Rheinfelden 1996, zitiert als Székely III

Das geheime Evangelium der Essener – Schriften der Essener Buch 4, Mandala Media, Rheinfelden 1996, zitiert als Székely IV

Diese hier aufgeführten Bücher liegen inzwischen als Neuausgaben bei NEUE ERDE vor.

Alle Bücher von Dr. Stylianos Atteshlis sind erhältlich bei

The Stoa Series,
Panayiota Theotoki-Atteshli
P.O. Box 28347
CY-2093 Nikosia
Zypern

oder durch:

Opal Verlag K. F. Hörner
Postfach 431103,
 86071 Augsburg
Tel. 0821 2639702,
Fax 0821 2639701
Fax 02 03 - 33 95 69
info@opalverlag.de

Anmerkungen

1 Das Morgen- und Abendgebet wurde von Elisabeth Gorter verfasst mit dem Hinweis: *Wenn es einmal schnell gehen muss.* Ihr war bewusst, dass manche im Alltag nicht immer die nötige Zeit aufbringen können. Es sind sehr kraftvolle Gebete, die die Essenz der Essener-Lehren in ganz besonderer Weise zum Ausdruck bringen.

2 vgl. im Folgenden Székely Lehren, S. 49ff und Székely IV, S. 12ff und S. 34ff

3 Székely IV, S. 12f

4 Székely II S. 67

5 Székely II S. 67f

6 Székely II S. 69f

7 vgl. Jesu Gleichnis vom verlorenen Sohn, Lukas 15,11-32

8 Székely IV, S. 16

9 Székely IV, S. 27

10 Székely IV, S. 13

11 Székely II, S. 66f

12 vgl. Székely IV S. 46

13 Székely IV S. 47

14 Székely IV, S. 17

15 Székely II, S.38

16 vgl. Székely III, S.27

17 Székely II, S. 58 u.a.

18 vgl. Székely IV, S. 17

19 Székely III, S. 54f

20 Székely II, S. 49

21 Székely IV, S. 14

22 Székely IV, S.28

23 vgl. Székely IV, S. 41

24 Székely II, S. 42 f

25 Székely IV, S. 17

26 Székely IV, S. 17f

27 Székely II, S.59f

28 Székely IV, S. 18

29 vgl. Mt 22,37–40 bzw. 5. Mos 6,5 u 3. Mose 19,18

30 vgl. Székely II, S. 44, vgl auch 1.Johannes 4,16

31 In seinem Buch *Joshua Immanuel der Christus* schildert Dr. Stylianos Attheslis, wie Jesus der Christus diese Gebote gelehrt hat: *Ich bin Gott, der Herr. Euer Gott in eurem Sein. Liebet den Herrn, euren Gott, in euch, in eurem Sein-Selbst. Und liebet euren Gott in jedem Mitmenschen wie euer Selbst.*« (ebenda, S. 29)

32 Székely III, S. 18

33 vgl. Székely III, S. 18

34 vgl. Székely IV, S. 50ff *Die heiligen Ströme*

35 vgl. Dr. Stylianos Atteshlis, *Esoterische Lehren*, S. 184

36 Székely IV, S. 15

37 Székely III, S. 17f

38 Székely IV, S. 39

39 ebenda S. 39

40 Székely IV, S. 39

41 Székely III, S. 40

42 Székely IV, S. 18f

43 Dr. Stylianos Atteshlis (»Daskalos«), *Die esoterische Praxis*, S. 167

44 Székely II, S. 36

45 Székely IV, S. 15f

46 Székely III, S.20

47 Székely II, S. 36

48 vgl Székely II S. 58

49 vgl. Mt 26,26: *Als sie aber aßen, nahm Jesus das Brot, dankte und brach's und gab's den Jüngern und sprach: Nehmet, esset; das ist mein Leib.* In der katholischen Messe, im evangelischen Abendmahl geben Christen in ritueller Weise diesem alten Wissen Ausdruck: jedes Weizenkorn, jede Traube ist heilig. Alles Leben ist heilig. Alles Leben kommt von Gott, ist ewiglich; so auch unser Körper.

50 Joh. 10,30

51 Joh. 14,28

52 vgl. Mt. 5,48

53 vgl. Mt. 22,37–40 bzw. 5. Mos 6,5 u. 3. Mose 19,18

54 vgl. Anm. 31

55 Elisabeth Gorter nimmt hier Bezug auf *die sieben Versprechen* von Dr. Stylianos Attheslis (in seinem Buch *Die esoterische Praxis*, dort S. 38f

56 Székely IV, S. 16

57 Dr. Stylianos Atteshlis hat oft auf die Notwendigkeit regelmäßiger Praxis der Innenschau hingewiesen, vgl. u.a. *Die esoterische Praxis*, S. 127ff, insbesondere S. 132

NEUE ERDE im Buchhandel

Neue Erde ist ein kleiner unabhängiger Verlag, und der unabhängige Buchhandel ist unser natürlicher Partner. Wir unterstützen die Initiative »buy local«.

Sollte es Lieferschwierigkeiten bei den Büchern von NEUE ERDE geben, lassen Sie immer im VLB (Verzeichnis lieferbarer Bücher) nachsehen, im Internet unter **www.buchhandel.de**

Alle lieferbaren Titel des Verlags sind für den Buchhandel verfügbar.

Auch mobil können Sie, zum Beispiel mit der App von LChoice, unsere Bücher beim örtlichen Buchhändler kaufen.

Sie finden unsere Bücher auch auf unserer Homepage **www.neue-erde.de** oder in unserem Gesamtverzeichnis, welches Sie gerne hier anfordern können:

NEUE ERDE GmbH
Cecilienstr. 29 · 66111 Saarbrücken
info@neue-erde.de